Carine Montrésor

Madame 100 %

Un chemin pour chacun,
la réussite pour tous !

Flammarion

ISBN : 978-2-0804-6224-4

Préface

Certaines vies commencent dans le silence.

Pas le silence doux d'un matin paisible. Le silence brutal d'un monde qui ne vous attend pas.

Pas de berceau préparé. Pas de prénom chuchoté avec tendresse.

Un matricule au poignet. Une chambre froide. Et le vide.

Carine Montrésor est née dans ce silence-là.

Elle aurait pu s'y noyer. Elle y a trouvé de la force et elle en a fait une voix. Une voix ferme, lucide, tendre aussi. Une voix qui dit ce qu'on cache trop souvent : l'expérience de ces enfants confiés à d'autres bras, à d'autres noms.

À travers son récit, ce sont des milliers d'enfants silencieux qui trouvent enfin une voix.

Chaque année en France, plus de 300 000 enfants sont suivis par l'aide sociale à l'enfance.

Parmi eux, près de 55 000 vivent dans des structures d'accueil ou des familles dites « d'accueil[1] ».

Derrière ces chiffres, il y a des détresses invisibles. Des histoires d'abandon, de déracinement, d'identités fragmentées. Des enfances bousculées, souvent mises en pause, en attente d'un regard qui répare.

Ce que Carine partage ici, ce n'est pas une complainte. C'est une mémoire. Une mémoire vive.

Celle d'une enfant qui n'a pas grandi dans l'amour immédiat, mais dans l'attente. Celle d'une femme qui a compris très tôt que survivre, c'est d'abord choisir qui l'on veut devenir.

Comment trouver la force d'exister quand personne ne vous voit ? Comment apprendre à aimer quand on n'a pas été bercé ?

Par un miracle simple : accueillir enfin un regard bienveillant posé sur soi.

Ce regard, qu'il vienne d'un parent biologique, d'une mère de cœur, d'un enseignant ou d'un professionnel de l'aide sociale à l'enfance, peut tout changer.

Parce qu'au fond, ce qui fait tenir un être humain, c'est la force de l'amour.

Sans amour, on survit. Avec lui, on devient.

À vous, les jeunes confiés à la protection de l'enfance, ce livre est un souffle.

---

1. Selon l'Observatoire national de la protection de l'enfance (2023).

Il ne promet pas l'oubli. Il n'efface pas la blessure.

Mais il montre que la blessure n'est pas une fin.

Qu'elle peut devenir tremplin. Qu'elle peut devenir fierté.

Qu'elle peut devenir un nom.

À vous, les parents, de sang ou de cœur, il rappelle que l'amour est un engagement, pas une évidence.

Qu'aimer un enfant cabossé, c'est parfois rester quand il repousse.

C'est tenir bon quand d'autres sont partis.

C'est croire pour deux, jusqu'à ce que l'enfant croie en lui.

À vous, éducateurs, enseignants, adultes qui croisez ces enfants sans toujours connaître leur histoire, ce livre est une clé.

Il vous apprend à voir derrière les silences, à écouter autrement, à comprendre que, parfois, une seule phrase peut éclairer une vie entière.

Et surtout, Carine Montrésor ne se contente pas de raconter. Elle transmet.

Elle partage, avec force et simplicité, des conseils pour réussir à l'école quand on vient d'un parcours abîmé.

Elle explique comment, forte de sa propre histoire, elle adapte sa pédagogie à chaque élève, avec bienveillance, exigence et foi en leur potentiel.

Parce qu'elle sait que l'éducation est bien plus qu'un programme : c'est un lien, une réparation, une promesse.

Et à toutes les Paulette du monde, ces femmes et ces hommes qui ouvrent leur cœur, leur foyer, leur patience, je veux dire merci.

Votre humanité ne remplace pas tout. Mais elle répare. Elle réinvente. Elle sauve.

Et si ce livre nous bouleverse, il nous oblige aussi.

Il nous rappelle que prendre soin des enfants les plus fragiles est le baromètre du bon fonctionnement d'un pays qui se dit « développé ».

Nos institutions ne peuvent pas se contenter d'administrer les blessures : elles doivent apprendre à soigner, à écouter, à soutenir avec respect, dignité et ambition.

Carine a porté un numéro. Elle est devenue un nom.

Elle est devenue une voix. Elle est devenue un guide.

Non pour incarner la perfection, mais pour rappeler que dans chaque parcours, aussi chaotique soit-il, peut jaillir la lumière.

Et qu'il suffit parfois d'un seul geste, d'un seul lien, d'une seule rencontre… pour transformer une existence.

Élisabeth Moreno
Ministre déléguée chargée de l'Égalité
entre les femmes et les hommes,
de la Diversité et de l'Égalité des chances
de 2020 à 2022

Introduction

Choisir qui je suis

La première décision importante de ma vie a été de choisir qui je suis. J'ai la chance – ou la malchance – d'être une « Bounty » : noire à l'extérieur, blanche à l'intérieur. Cette expression, bien qu'empreinte d'ironie, résume parfaitement mon identité complexe et les défis que j'ai rencontrés tout au long de ma vie. Être maître de son identité, c'est d'ailleurs l'une des premières exigences que j'inculque à mes élèves : quelles que soient vos difficultés, que vous soyez immigré, sans ressources, en situation de handicap, personne n'a le droit de définir qui vous êtes.

Tu peux choisir *qui* tu es mais pas *ce que* tu es : ton nom, ta couleur de peau, ta condition sociale, ton physique te sont donnés à la naissance. Nous n'avons pas tous les mêmes cartes au départ, c'est vrai. Mais la vie m'a appris une chose : tu peux arracher ton identité aux cerbères de la fatalité.

Je suis née en avril 1969, dans le 12e arrondissement de Paris, au sein d'une famille jeune et démunie, et mes parents, déjà accablés par la charge de deux enfants, ne pouvaient pas m'élever. C'est dans cette maternité adossée à l'hôpital Saint-Antoine, au milieu des effluves mêlées d'antiseptique et de produit de nettoyage, que mon chemin de vie a commencé et que j'ai pris ma première inspiration, à 00 h 40, en pleine nuit. Comme chaque être humain, je suis née dans cette vulnérabilité infinie que Pline l'Ancien décrit avec justesse : « L'homme est le seul que, le jour de sa naissance, [la nature] jette nu sur la terre nue, le livrant aussitôt aux vagissements et aux pleurs. Nul autre parmi tant d'animaux n'est condamné aux larmes, et aux larmes dès le premier jour de sa vie[1]. »

Ironiquement, moi qui aime tant la lumière, j'ai poussé mon premier cri dans l'obscurité. Un cri pas comme les autres : celui d'une enfant seule. Comme tous les nouveau-nés, mes premières heures se sont inscrites dans le bruit et l'odeur de la maternité. Mais il me manquait l'essentiel. Dès les premiers instants, j'ai été privée de l'amour originel. La naissance est une gloire, mais où était mon public ? Mes adorateurs avaient-ils eu un empêchement ? Arrachée par la direction départementale de l'action

1. Pline l'Ancien, *Histoire naturelle*, Livre VII.

sanitaire et sociale (DDASS) à l'affection bancale de parents trop jeunes et sans moyens, je fus plongée dès mes premiers instants dans la froideur du monde institutionnel.

Toute existence est une lutte contre le néant, mais, pour moi, ce fut un défi. Je ne connais aucun détail concernant ma naissance. Personne ne m'a jamais raconté quel bébé j'étais, comment je pleurais ou souriais, ni même quelles étaient les premières émotions que j'ai suscitées. Ces premiers souvenirs, ces détails intimes et personnels que l'on chérit habituellement, m'ont été volés par les circonstances. Cette absence de récits sur mes premiers moments de vie a laissé une part d'ombre en moi.

À ma naissance, je n'avais pas d'identité, mais un matricule, 1691, inscrit sur une médaille accrochée à une chaînette autour de mon poignet. Sur l'autre face est gravée un saint Christophe, symbole de protection pour les voyageurs et les enfants égarés. Cet artifice me distinguait des autres, auprès des services sociaux. Quand tu n'es qu'un chiffre, exister est d'autant plus une lutte. On te nourrit, certes, on t'assure un toit, mais le vide laissé par un père et une mère absents est impossible à combler. Je pleurais beaucoup, tellement que j'ai développé une hernie ombilicale, un signe physique de la détresse émotionnelle qui m'habitait déjà nourrisson.

Quelques mois plus tard, le 20 juillet, Neil Armstrong posait le pied sur la Lune, en prononçant ces mots : « C'est un petit pas pour l'homme, un bond de géant pour l'humanité. » Le monde regardait les étoiles, tandis que moi, petite fille, je cherchais désespérément un regard bienveillant. Mon cœur de nouveau-né ressentait déjà l'injustice et la solitude. Les heures passées sans être bercée, les jours sans être chérie créaient en moi une béance. Mais, au plus profond de cette obscurité, une lueur de résilience naissait.

De mes 2 mois à 6 mois, j'ai vécu à l'orphelinat de Paris, puis j'ai été transférée à l'orphelinat d'Autun, une petite ville au cœur de la Bourgogne au charme pittoresque, avec ses ruelles pavées, ses bâtiments anciens marqués par l'histoire et ses maisons de pierre aux toitures de tuiles rouges. J'étais l'un des nombreux enfants placés du Morvan ; ils étaient envoyés dans cette région rurale connue pour ses forêts denses et ses collines verdoyantes pour bénéficier d'un cadre de vie plus serein et stable, loin des tumultes de la capitale. Mais un scandale avait éclaté quand l'administration s'était rendu compte que beaucoup de familles paysannes avaient accepté les enfants pour des raisons économiques – l'État fournissait une aide financière aux familles –, que beaucoup d'entre eux vivaient dans des conditions de vie très difficiles, étaient maltraités, exploités comme main-d'œuvre bon marché et négligés sur le plan affectif et éducatif.

Ce ne fut fort heureusement pas mon cas. L'orphelinat dans lequel j'ai été placée, un robuste bâtiment de pierre avec de hautes fenêtres, se trouvait en plein centre-ville. À l'intérieur, les grandes salles communes, meublées simplement, étaient conçues pour créer un environnement chaleureux malgré la rigueur de la vie en communauté. Les dortoirs, avec leurs lits alignés et leurs draps blancs, témoignaient de cette vie structurée. Les journées étaient rythmées par des horaires stricts et des routines impersonnelles. Même si j'étais trop jeune pour que je puisse aujourd'hui me rappeler ces moments, l'empreinte de cette période reste gravée en moi. C'était un lieu où le contact humain était rare et l'affection presque inexistante.

Je ne me souviens pas du jour où j'ai quitté l'orphelinat : j'avais seulement 22 mois, mais on me l'a tant raconté que j'ai l'impression d'en détenir quelques souvenirs en mémoire. C'était un matin ensoleillé de mai. Assise sur une chaise, j'observais les autres enfants jouer autour de moi. Une éducatrice, souriante mais avec une lueur de tristesse dans les yeux, s'approcha de moi et m'annonça que quelqu'un était venu me chercher.

Ma mère nourrice, Paulette, que j'appellerai plus tard « maman », entra alors dans la pièce.

Cette petite femme de 1 mètre 54 – mais sa stature semblait bien plus grande en raison de son charisme et de sa prestance – portait une robe élégante et ses cheveux blonds étaient parfaitement coiffés en un brushing toujours impeccable. Couturière, elle tenait une mercerie dans la ville du Creusot. Son visage rayonnait de détermination et de douceur.

À côté d'elle se tenait ma sœur de 25 ans, Josiane, infirmière. Elle avait un sourire chaleureux et des yeux bienveillants, qui m'ont immédiatement apaisée. Mon père, Gilbert, n'avait pas pu être là, car il travaillait. Il avait la charge de la partie électrique du futur TGV chez Jeumont-Schneider. Lui, homme de l'ombre, veillait à ce que l'énergie circule, que le courant passe, que la prouesse tienne debout. Je ne comprendrais pas tout à l'époque, mais je sentais sa fierté. Il parlait peu, mais dans ses silences il y avait la grandeur tranquille de ceux qui savent qu'ils ont participé à quelque chose d'historique. Mes frères, Claude et Alain, n'étaient pas présents non plus : Claude, âgé de 21 ans, avait quitté la maison et Alain, 17 ans, était en école de gendarmerie à Fontainebleau. Cependant, malgré leur absence, je pressentais déjà l'affection et le soutien de toute ma nouvelle famille.

Maman me prit délicatement dans ses bras, me parlant doucement pour me rassurer. Josiane, à ses côtés, m'offrit un sourire réconfortant et me caressa les cheveux. Puis nous quittâmes toutes les trois l'orphelinat en voiture. Pendant le trajet jusqu'au village de Perreuil où j'allais désormais habiter, maman et ma sœur me racontèrent leur vie quotidienne. La maison de Paulette et sa famille était une maison en pierre typique de la région, avec un jardin fleuri où trônait un vieux cerisier. Maman me guida à l'intérieur, me montrant chaque pièce, chaque recoin, où je pourrais bientôt me créer de nouveaux souvenirs.

Ma chambre était décorée avec soin et amour : des lits jumeaux, des étagères remplies de livres et de jouets, et une fenêtre donnant sur le jardin. Mireille, une autre enfant placée, âgée de 8 ans, vivait déjà avec eux. Elle deviendrait comme une sœur pour moi. C'est ainsi que, ce jour-là, la petite Carine Montrésor a eu la chance d'arriver au sein de la famille Poncet.

L'adaptation à ma nouvelle vie ne fut pas sans défis. J'avais parfois du mal à m'endormir, à manger. J'étais une petite fille réservée, timide, qui observait le monde avec méfiance. Je mangeais uniquement de la purée, du jambon et des bananes. Ce n'était pas un caprice d'enfant, mais une conséquence de mon séjour à l'orphelinat : là-bas, les aliments étaient souvent mixés pour éviter tout risque d'étouffement et faciliter la gestion des repas. Cette façon de tout consommer mouliné a eu un impact durable sur moi, car je n'ai jamais appris à déglutir correctement. Même à mon grand âge, je ne sais toujours pas avaler un médicament, et certains aliments me font peur, comme la viande rouge, rappelant inconsciemment à mon souvenir une époque où la nourriture était un des aspects contrôlables de ma vie.

Mais, chaque matin, je me réveillais avec un peu plus de confiance, soutenue par l'amour inébranlable de mes parents et de mes frères et sœurs. Maman, avec sa force tranquille et sa bienveillance, devint rapidement mon pilier. Elle comprenait mes peurs, ayant elle-même traversé des épreuves similaires dans son enfance.

Avec le temps, je trouvais ma place au sein de cette famille aimante et soudée. Un matin, peu de temps après mon arrivée, maman s'est assise avec moi dans le salon, ses yeux doux mais déterminés fixés sur la chaîne argentée autour de mon poignet. Elle la prit entre ses doigts, examinant le saint Christophe et le numéro de matricule, 1691, gravé au dos. Puis elle me regarda avec une tendresse infinie et me dit doucement : « Nous n'avons pas besoin de ce numéro pour te connaître et t'aimer. Tu es plus que cela, maintenant, bien plus. » Elle détacha la médaille de mon poignet avec délicatesse, comme si elle retirait un poids invisible de mes épaules.

Ce geste, simple mais profond, marqua le début de ma nouvelle vie. Maman a rangé la médaille dans un tiroir de sa commode, avec ses bijoux, en me promettant que je pourrai la garder en souvenir. Aujourd'hui, la médaille est en bonne place dans ma boîte à bijoux. Symbole de mon anonymat, elle est désormais un témoignage de ma résilience et de ma transformation.

L'été de mon arrivée dans ma nouvelle famille, nous sommes partis en vacances en Ardèche avec ma tante Jeanine et mes cousins. Dès les premiers virages, la peur m'a submergée et j'ai commencé à crier à chaque tournant « pipi-caca » comme une sirène d'alarme humaine. Mon estomac, n'ayant aucune tolérance pour ces péripéties, s'est également joint à la fête : je ne cessais de vomir. Mes parents ont fait preuve d'une patience infinie : entre les arrêts fréquents pour nettoyer mes « incidents » et mes cris dignes d'un film d'horreur, ils n'ont jamais perdu leur calme. Malgré mes crises, ils n'ont jamais laissé tomber même si j'avais transformé leur voyage en une aventure mémorable pour toutes les mauvaises raisons.

Leur patience et leur affection ont finalement payé, car ces vacances sont devenues mes premiers souvenirs heureux, un moment charnière, où, pour la première fois, j'ai ressenti ce que signifiait appartenir à une famille. J'ai des photos de cette période, les premières photos de moi, d'ailleurs. Ces images sont précieuses et témoignent d'une renaissance dans un environnement plus aimant et chaleureux.

Chapitre I

Je m'appelle Carine Montrésor

Je m'appelle Carine Montrésor. Montrésor est le nom de ma mère biologique, Stéphanie. Il porte en lui une histoire que j'ai dû embrasser et défendre toute ma vie. En effet, je ne porte pas le nom de Poncet, car je n'ai jamais été adoptée. J'ai été *placée*, un terme technique qui recouvre une réalité bien plus complexe et douloureuse que ce qu'il peut laisser entendre.

Mon placement signifiait que l'État s'occupait de ma prise en charge quotidienne, de mon bien-être matériel, mais aussi de mon développement émotionnel et psychologique. J'avais donc une mère nourricière, ma maman, une femme qui, tout en étant payée par le contribuable, m'a apporté la stabilité et l'amour. Elle était à la fois une figure maternelle et une fonctionnaire chargée de s'occuper de moi. Cette dualité a marqué mon enfance de manière indélébile. Maman Paulette n'a jamais complètement comblé l'absence de ma mère biologique, mais elle a contribué à forger la personne que je suis devenue.

En tant qu'enfant placée, j'étais suivie de près par l'institution. Des visites régulières d'assistantes sociales ponctuaient ma vie, chaque visite marquant une évaluation, un jugement, une surveillance. Ces professionnelles, souvent bien intentionnées, arrivaient avec leur lot de formulaires, de questions et de regards scrutateurs. Elles venaient vérifier si tout allait bien, mais leur présence me rappelait sans cesse que ma situation n'était pas normale, que j'étais différente.

Les visites chez les psychologues étaient tout aussi fréquentes. Je me souviens des séances dans les locaux de l'aide sociale à Chalon-sur-Saône, où on me faisait dessiner, parler de mes sentiments et passer des tests chronométrés dont je n'ai jamais eu les résultats. Ces séances étaient censées m'aider à naviguer dans les eaux troubles de mon esprit d'enfant, perturbé par le déracinement, la séparation et l'incertitude de ma situation, car ma mère biologique avait un droit de visite, qui venait interrompre la routine stable et rassurante dans laquelle je vivais. Elle est venue me rendre visite trois fois, accompagnée de mon père. J'étais trop jeune pour m'en souvenir mais il paraît que ces visites me mettaient dans un état de confusion et de malaise profond. J'avais 4 ans et je ne comprenais pas pleinement la portée de son absence. Tout ce que je savais, c'est que ma mère biologique avait disparu de ma vie aussi brusquement qu'elle y réapparaissait parfois.

Sa dernière visite m'a laissé une cicatrice émotionnelle qui m'a accompagnée pendant de nombreuses années, influençant ma perception des relations entre les gens et de l'abandon. J'avais 4 ans et quelques mois, et elle est arrivée sans prévenir. Elle tenait dans ses bras une belle poupée soigneusement habillée et coiffée. Mes yeux se sont illuminés à la vue de ce jouet. Elle m'a tendu la poupée avec un sourire qui se voulait aimant, espérant probablement créer un lien avec moi. Cependant, ce geste, au lieu de m'apaiser, m'a plongée dans un tourbillon d'émotions contradictoires. Je n'ai pas su comment réagir ni à sa présence ni à ce cadeau. Stéphanie attendait quelque chose de moi en retour, quelque chose que je n'étais pas prête à donner. Elle attendait de l'affection, de la reconnaissance, peut-être de l'amour. Mais à cet instant, tout ce que je ressentais était de la confusion et une sorte de blocage émotionnel. Elle a voulu que je l'embrasse ; un geste simple en apparence mais qui, pour moi, était chargé de significations et d'émotions complexes. Comme je n'ai pas répondu à son attente, comme je n'ai pas pu l'embrasser comme elle le voulait, elle a repris la poupée et est repartie.

Je ne l'ai jamais revue. Ce geste a été pour moi un coup de poignard.

Vivre sous l'œil vigilant de l'institution a façonné mon caractère. J'ai appris très tôt à me conformer aux attentes des autres, tout en cherchant à préserver mon individualité. Les assistantes sociales et les psychologues faisaient partie de ma vie quotidienne, mais elles ne pouvaient jamais complètement comprendre ce que signifiait « être moi » ! Leur présence constante était un rappel de mon statut particulier, mais elle m'a aussi appris à naviguer dans les systèmes bureaucratiques et à utiliser les ressources mises à ma disposition. Mon enfance m'a, très tôt, dotée d'une double conscience, une capacité à voir le monde à travers deux prismes différents : celui de l'enfant placée, surveillée et jugée, et celui de l'individu unique avec ses propres rêves et aspirations. Ce qui m'a permis d'analyser et de comprendre les dynamiques sociales avec une lucidité rare.

Entre les séances, ma vie était douce dans la famille Poncet, où je faisais figure d'exception : ma couleur de peau contrastait fortement avec celle de ma famille d'accueil, et mon patronyme résonnait comme une anomalie dans un monde où les critères d'appartenance se fondent souvent sur la ressemblance. Les Poncet, cette famille originaire du Jura, avec leur patronyme commun et leur peau claire, leurs cheveux blonds et leurs yeux bleus représentaient la norme, tandis que moi, j'étais une contradiction apparente : noire à l'extérieur et blanche à l'intérieur.

Mais ne me demandez pas d'être noire, je ne sais pas faire. Mon apparence physique, ma peau, contrastent fortement avec ma manière d'être, ma culture, mon éducation. On me demande toujours d'où je viens. Cette question revient si souvent que j'en ai perdu le compte. Il faut croire que l'idée qu'une personne de couleur puisse être originaire d'une petite région française est trop difficile à concevoir pour certains. Pourtant, je n'ai jamais quitté la Bourgogne et je n'ai jamais mis un pied en Afrique, ni aux Antilles. J'ai passé mon enfance dans les forêts du Morvan, dans les vignobles, j'ai participé aux fêtes locales, je connais les coins et recoins de cette magnifique région et j'ai vécu pleinement sa culture. Je me suis mariée en Bourgogne et mes deux enfants, Lucas et Prescille, y sont nés. Je suis et je me sens bourguignonne, même si cela semble en étonner plus d'un. Je suis le fruit de mon éducation, façonnée par l'environnement où j'ai grandi. Mon apparence physique, ma peau, ne devrait pas être un vecteur déterminant de mon identité. C'est mon vécu, mes expériences et les valeurs que j'ai intégrées qui font de moi ce que je suis.

Petite, j'avais peur des noirs. Oui, vous avez bien lu. Là où je vivais, on n'en voyait jamais, et j'étais terrorisée à l'idée de croiser les vendeurs originaires d'Afrique noire sur les marchés estivaux. Ces hommes, souvent souriants et chaleureux, devenaient dans mon esprit d'enfant des géants imposants, presque effrayants. Ils étaient ma « bête noire ». Comment expliquer cette peur si étrange ? À bien y réfléchir, ce n'était pas tant eux qui me faisaient peur, mais plutôt ce qu'ils représentaient. J'étais une petite fille noire grandissant dans une famille blanche, entourée de cousins et cousines blonds ou châtains. Chez moi, tout était clair, au sens propre comme au sens figuré. Mes repères, ma normalité, étaient ancrés dans un monde où je ne me percevais pas comme noire. Alors, croiser ces hommes, avec leur peau foncée qui ressemblait à la mienne, c'était être confrontée à une vérité que je n'étais pas encore prête à accepter.

Avec le recul, je souris à celle qui courait se cacher derrière sa maman dès qu'elle apercevait un Africain sur le marché. Si je pouvais lui parler aujourd'hui, je lui dirais : « N'aies pas peur, ma grande. Ce que tu redoutes, c'est toi-même, mais tu verras, un jour, tu apprendras à t'aimer telle que tu es. » Aujourd'hui, je célèbre ma couleur de peau avec fierté. Je sais désormais que ce qui semblait différent, étrange, ou même effrayant à mes yeux d'enfant est une richesse infinie dans ma vie d'adulte. À 23 ans, j'ai découvert la culture ultramarine en faisant de la musique avec des artistes antillais pendant l'enregistrement d'un disque. Puis, à 31 ans, j'ai rencontré Désiré, le père de ma fille, originaire de la république démocratique du Congo ; grâce à lui, j'ai découvert les cultures africaines, la musique, la nourriture, mais surtout leurs valeurs, particulièrement de solidarité. Grâce à ces rencontres, j'ai bien compris que le « noir » était une simple déclinaison de la diversité humaine.

Si je croisais aujourd'hui ces vendeurs de marché, je les remercierais d'avoir été malgré eux le miroir que je ne voulais pas voir. Cette expérience m'a laissé une leçon précieuse que je transmets aujourd'hui à mes élèves : la peur vient de l'inconnu, de ce que nous ne comprenons pas. Et il suffit parfois d'un geste, d'un mot ou d'un sourire pour la transformer en curiosité, puis en admiration.

Les élèves arrivent tous dans ma salle de classe avec leurs appréhensions, leurs doutes et leurs peurs. Alors je me souviens de cette petite fille cachée derrière sa maman, et je me dis que si j'ai réussi à apprivoiser mes monstres imaginaires et ma différence, ils le peuvent aussi.

« Différence » est le mot qui définit mon existence. En tant qu'enfant, on aspire généralement à se fondre dans le groupe, à être comme les autres. Mais, pour moi, cette option n'était pas envisageable. Les signes visibles de ma différence m'ont obligée à me positionner, à me définir par rapport aux autres, bien plus tôt que la plupart des enfants. À l'école, les enfants pouvaient être cruels, se moquant de ma couleur de peau et de mes cheveux crépus. Les adultes, bien qu'animés par de bonnes intentions, ne comprenaient pas toujours la complexité de mon identité et, involontairement ou non, amplifiaient ce sentiment d'isolement.

Quand je me promenais, je tenais fermement la main de ma maman. Ce lien fort entre nous était mon ancrage, ma sécurité dans ce monde hostile et confus. Je me souviens de ces balades comme des moments de pure tranquillité, où chaque pas à ses côtés me donnait la force et la confiance nécessaire pour affronter les défis de la vie. Des années plus tard, maman m'a révélé une vérité poignante sur ces moments que je chérissais tant. Elle m'a raconté que souvent, alors que nous marchions ensemble, les gens nous suivaient des yeux. Ils la jugeaient du regard. Maman m'a expliqué que beaucoup de personnes supposaient qu'elle avait eu une relation avec un homme noir et que j'étais le fruit de cette union. Ces regards, ces jugements silencieux mais lourds de sens étaient des manifestations d'une société qui avait encore beaucoup de chemin à parcourir en termes d'acceptation et de tolérance.

Ces regards me passaient au-dessus de la tête. Mon monde se limitait à la main rassurante de ma maman et à l'amour qu'elle me portait. Je ne comprenais pas les implications sociales et raciales de notre différence. Mais, pour ma mère, ces moments étaient teintés d'une douleur sourde, celle de se voir jugée et mal comprise par des inconnus. Elle ne m'a jamais laissé percevoir cette douleur. Pour moi, elle était toujours forte, toujours sereine. Ce n'est bien plus tard que j'ai compris l'ampleur de son sacrifice, de sa détermination à me protéger de la cruauté du monde et à m'offrir l'enfance la plus normale et heureuse possible. Quand je repense à ces promenades main dans la main, je ressens une profonde gratitude pour les leçons de vie que maman m'a inculquée sans le savoir.

Plus tard, quand, adolescente, je me suis découvert une passion pour l'athlétisme, la suspicion a perduré. J'ai consacré des années à m'entraîner et mes efforts ont été récompensés par un titre de championne de Saône-et-Loire, puis de Bourgogne, et une place de demi-finaliste aux championnats de France sur 100 mètres et 200 mètres. Ces victoires ont fait de moi une figure locale reconnue. Dans les stades et les compétitions, j'étais applaudie et soutenue par mes concitoyens. Pourtant, même avec ces succès, certains continuaient à me percevoir comme une étrangère. Il en fut de même lorsque j'ai été couronnée première vice-reine de mon village, l'équivalent à l'époque de première dauphine lors d'un concours local de beauté. C'était pour moi un grand honneur et un symbole de reconnaissance et d'intégration. J'avais 16 ans. Mais cette victoire a suscité des réactions négatives. Certains habitants ont crié au scandale, affirmant que je ne pouvais pas être une véritable fille de la région. Pour eux, la couleur de ma peau me disqualifiait d'emblée, malgré mon amour et mon engagement pour notre village.

J'ai grandi en étant consciente de ma différence, et cela m'a forgé un caractère unique. Chaque regard interrogateur, chaque question maladroite, chaque acte de discrimination, petit ou grand, m'ont poussée à m'interroger sur qui j'étais vraiment. Était-ce mon nom qui me définissait ? Était-ce ma couleur de peau ? Ou bien était-ce quelque chose de plus profond, plus intérieur ?

Au fil des années, j'ai appris à intégrer toutes les parties de mon identité. J'ai accepté ma couleur de peau comme une part essentielle de qui je suis. J'ai compris que mon nom de famille était une force, en lien avec mes racines. J'ai appris à voir ma situation d'enfant placée non pas comme une faiblesse, une honte, mais comme une source d'énergie et de motivation pour rebondir.

Aujourd'hui, je sais que mon identité est une mosaïque de toutes ces expériences. Je suis une Montrésor, avec tout ce que ce nom représente pour moi. Je suis une personne forte, résiliente et profondément ancrée dans ses valeurs et son histoire. Mes expériences ont façonné ma vision du monde, ont nourri ma détermination à combattre les injustices, à promouvoir l'inclusion et la compréhension dans tout ce que j'entreprends, et plus particulièrement dans mon métier d'enseignante.

En tant que professeure-coordinatrice d'un dispositif de lutte contre le décrochage scolaire depuis trente-deux ans maintenant, je ne me contente pas de transmettre un programme scolaire. J'interviens dans une zone grise du système éducatif, là où l'urgence sociale, la souffrance psychologique, les parcours cabossés et les espoirs étouffés se croisent. Ma mission dépasse la salle de classe. Elle s'inscrit dans une démarche d'ingénierie de formation sur mesure, dans laquelle chaque élève devient un projet à part entière et chaque accompagnement, une création unique. Ce sont des jeunes que l'école a parfois perdus de vue ou à qui elle n'a jamais vraiment tendu la main. Il faut les raccrocher, non seulement à une formation, mais à un avenir.

Je ne sauve pas ces élèves. Je les aide à se sauver eux-mêmes. En redonnant du sens à leur parcours, en leur permettant de voir qu'il existe un chemin pour chacun. Loin de l'uniformité du système, j'ose la haute couture pédagogique : celle qui prend en compte les blessures, les forces cachées et les rêves en formation.

Se construire malgré tout

Comment se construire sur une histoire en ruine ? Est-il possible de faire peau neuve et de se réinventer ? J'y crois dur comme fer, sinon, je démissionnerais. Pour se construire face à l'échec et à l'adversité, voici quelques leviers :

- Développer son agency

L'agency, c'est notre capacité d'agir. Pour se construire, il faut avant tout considérer que nous avons un pouvoir sur le monde. Nous ne sommes pas des victimes, nous sommes des acteurs, qui font parfois face à des obstacles, mais qui peuvent les affronter. Accompagner les jeunes dans le développement de cette agency, en les encourageant à prendre des décisions conscientes et à assumer leurs erreurs comme partie intégrante de leur processus de développement, est fondamental pour qu'ils reprennent les rênes de leur existence.

- Considérer chaque étape

Pour certains, franchir les grilles du lycée est déjà une épreuve. Il faut prendre conscience de chaque étape pour réaliser le chemin que nous parcourons, et s'en féliciter !

- (Re)construire son identité

La redéfinition de soi, devant ou après une épreuve, est une étape indispensable. La reconstruction identitaire est une réponse à un parcours chaotique : elle peut passer par le dialogue, la confidence, le partage d'expériences, et pourquoi pas les jeux de rôles, qui permettent de mieux comprendre un parcours ou une position.

- Accueillir la complexité des identités

Chaque élève arrive d'une contrée différente, d'une culture différente, avec son lot de traumatismes ou de rancœurs, avec des appartenances dont il est parfois fier, parfois honteux. Ce qui importe dans le travail proposé, dans les références auxquelles ont accès les élèves, est de leur démontrer qu'une identité, c'est avant tout une dynamique. Ils ne viennent pas en classe pour être jugés sur cette identité, mais pour la construire.

- Rencontrer des modèles inspirants et diversifiés

Permettre aux jeunes de comprendre que la réussite est à la portée de tous, et que ce que l'on devient n'a souvent rien à voir avec le germe que l'on était au départ. Le psychologue canadien Albert Bandura, qui a inventé la théorie de l'apprentissage social (social learning theory), insiste sur l'importance des modèles dans l'apprentissage social. Ces modèles autorisent les jeunes à se projeter et à croire en leur potentiel, surtout lorsqu'ils viennent de milieux défavorisés.

- Apprendre à contourner les biais cognitifs

Nos actions sont sans cesse entravées par des biais cognitifs. Par exemple, l'effet de halo qui consiste à considérer une personne par le prisme d'une seule de ses caractéristiques, qu'elle soit positive ou négative, ou encore, la malédiction de la connaissance qui consiste, lorsque l'on a acquis une connaissance, à être incapable de se mettre à la place d'une personne qui ne la possède pas encore. Identifier les biais cognitifs, en parler, puis s'exercer à les contourner, est essentiel pour se recentrer sur sa propre trajectoire.

Chapitre II

Athlète de la ténacité

« Tout le monde a du talent, mais le succès demande un travail acharné. »

Michael Jordan

Ma plus grande fierté aujourd'hui, c'est de voir mes enfants s'épanouir à travers le sport. Ils m'impressionnent par leur persévérance et leurs talents. En devenant mère, je suis née à nouveau, et la réussite, le bonheur de mes enfants sont ma raison de vivre. Tout ce que je fais ne prend sens qu'à travers l'amour que je leur porte. Cet amour inconditionnel m'a d'ailleurs inspiré pour aider plus largement la nouvelle génération : grâce à eux, j'ai créé une association en mesure de porter les ambitions sportives de la jeunesse. Il faut que les jeunes aient une passion, portent des défis au-delà de la compétition scolaire.

C'est le cas de ma fille Prescille, cavalière de haut niveau en concours complet d'équitation. Il était vital pour son père et moi de pouvoir lui offrir un cheval et ainsi lui permettre de devenir une des meilleures cavalières françaises. Pas par orgueil de parents, non, parce que c'est ce qui compte le plus à nos yeux : permettre à nos enfants d'atteindre leur objectif, de réaliser leurs rêves. Quant à notre fils, Lucas, il est parti, après l'obtention d'un bac scientifique, à Phoenix, en Arizona, où il a pu jouer avec de grands joueurs de basket américains au sein de la Planet Athlete Academy – une expérience qu'il a poursuivie par un parcours en STAPS à son retour.

L'équitation est un sport exigeant physiquement et inabordable financièrement pour beaucoup. Les compétitions, les stages, le matériel, l'achat d'un cheval, ses soins coûtent une fortune. Même quand le talent est là, il ne suffit pas. Très tôt, j'ai vu à quel point l'argent pouvait devenir un obstacle insurmontable pour les jeunes sportifs issus de milieux modestes. Pour moi, il est inconcevable que les passions des jeunes ne puissent pas se vivre et se concrétiser. J'ai donc voulu créer une structure qui leur ouvre des portes, qui leur permette de continuer à rêver grand, même sans un portefeuille bien rempli.

C'est ainsi qu'est née Jeunesse urbaine mission passion sport (Jumps), une association destinée aux jeunes athlètes engagés dans des disciplines onéreuses comme l'équitation, le golf, le tennis ou le canoë. Elle a pour mission de leur offrir un accompagnement personnalisé, un réseau de soutien, et surtout de continuer à croire en leur potentiel, quel que soit leur contexte social, sans que le poids des finances vienne l'écraser. On organise chaque année une grande conférence pour soutenir ces jeunes dans leur réussite.

Offrir à ces jeunes athlètes les moyens de concrétiser leurs rêves, c'est une satisfaction immense. Et le talent ne devrait jamais être freiné par des questions matérielles. Prénam est arrivée dans ma classe au cours du deuxième semestre 2017, à Dijon, dans le cadre du dispositif MLDS (mission de lutte contre le décrochage scolaire), destiné aux jeunes en rupture scolaire sans solution. Elle ne s'est jamais présentée comme une championne, et pourtant… Derrière sa discrétion, il y avait une athlète olympique ! Elle débarquait, sans famille ni argent, du Togo, où elle était adulée, célébrée comme une gloire nationale pour ses résultats sur 100 et 200 mètres : Prénam avait participé aux Jeux olympiques de 2016, autrement dit les « Jeux de la XXXIe olympiade de l'ère moderne ». Quelle classe ! Pourtant, elle était là, à 19 ans, dans une ville inconnue et sans la moindre ressource : sa bourse olympique a mis des mois à arriver ! Sa situation m'a révoltée. La précarité est toujours insupportable, et c'est d'autant plus incompréhensible qu'à une ère où l'on glorifie le mérite et le dépassement de soi il soit nécessaire de trouver des sponsors, des soutiens, voire de devenir instagrameur pour vivre de son sport, parce que les dispositifs d'aide financière et d'insertion professionnelle ne suffisent pas à soutenir tous les jeunes sportifs.

J'ai vu en Prénam ce feu que je reconnais chez ceux qui ont connu l'effort, la discipline, et qui n'attendent qu'une étincelle pour repartir. Je l'ai donc d'abord accompagnée en tant qu'enseignante, en l'aidant à se reconstruire dans le cadre de la MLDS car elle voulait préparer son bac, puis naturellement Jumps a pris le relais.

Je me réfère souvent à la pyramide de Maslow : selon le psychologue américain Abraham Maslow, un individu ne peut pleinement viser les besoins supérieurs, comme l'estime ou l'accomplissement, sans avoir satisfait les besoins fondamentaux. Un ventre affamé rêve d'un repas avant de songer à l'estime de soi. Pour moi, il était essentiel que cette jeune fille puisse continuer à s'entraîner. Elle ne voyait pas sa vie sans l'athlétisme. Abandonner, c'était la priver de ce qui la faisait vibrer, de ce qui donnait du sens à ses journées. Mais comment continuer quand les moyens manquent, quand chaque déplacement, chaque paire de pointes devient un luxe inaccessible ? Je n'ai pas hésité une seconde. Jumps était faite pour elle aussi. Nous l'avons accueillie, soutenue, encadrée. Pas comme une assistée, mais comme une championne qu'il fallait remettre sur les rails. Elle a ainsi pu concourir sous les couleurs du Dijon Université Club (DUC) et préparer les JO de Tokyo. J'étais sa première fan dijonnaise ! Une belle aventure qui se poursuit désormais à Rouen.

Le sport de haut niveau ne devrait jamais être un luxe, mais un droit pour ceux qui ont du talent, la rage et la discipline nécessaire. Il a été pour moi la meilleure façon d'affirmer qui j'étais ; chaque entraînement était une leçon de vie dont je me souviens encore aujourd'hui.

Retour à mes jeunes années. Loulou, le mari de ma sœur Josiane, était maître-nageur et entraîneur du club de natation Les Dauphins du Creusot. Avec sa carrure de roc et son autorité naturelle, il incarnait l'archétype du mentor intransigeant : sensible à l'effort mais sourd à la plainte. J'avais 7 ans quand maman m'a inscrite au cours de natation de mon beau-frère. Je n'avais pas de passion innée pour cette discipline, mais j'ai vite compris qu'il n'était pas question de se dérober. Inutile de tergiverser : il fallait enfiler le maillot de bain, plonger et s'aligner sur les bords du bassin. Les premières semaines sont loin d'avoir été une partie de plaisir. La natation est un sport exigeant.

Chaque geste compte. La fatigue se glisse dans chaque muscle. L'eau semble parfois être un adversaire à part entière.

Pour la gamine que j'étais, c'était un sacerdoce.

Malgré son perfectionnisme et sa fermeté, Loulou nous apportait un nouvel éclairage sur notre valeur. Il croyait au potentiel de chacun, même des plus réticents. Je ne peux pas nier que son obstination a forgé ma détermination. Loulou ne tolérait aucune excuse. Il répétait souvent : « Peu importe que tu sois la meilleure : ce qui compte, c'est que tu fasses ton maximum à chaque séance. » Je n'avais pas le choix : il m'a fallu m'accrocher, me concentrer sur ma technique, et accepter l'effort, même quand les résultats tardaient à venir.

Je participais à plusieurs championnats de Bourgogne, mais mes performances étaient modestes. Je n'atteignais pas les podiums et, parfois, je terminais loin derrière les meilleures nageuses. Au début, je me sentais faible et humiliée. J'en voulais presque à Loulou de me maintenir dans ces marécages de chlore et d'angoisse. Au fil des entraînements, j'ai commencé à comprendre que la natation n'était pas qu'un simple sport. C'était une école de vie. L'eau m'a appris la discipline du geste et du souffle, la ténacité face à l'obstacle. Chaque longueur que je parcourais, chaque course que je terminais m'en apprenaient un peu plus sur moi-même : sur ma capacité à tenir bon même quand le souffle manquait et à trouver de la satisfaction dans l'effort accompli. Ces moments de difficulté m'ont enseigné une vérité fondamentale : ce n'est pas toujours le succès qui compte, mais l'aptitude à persévérer malgré les échecs. Je n'avais pas encore conscience à l'époque que ce que je vivais dans l'eau était un avant-goût des défis que je relèverais dans ma vie future. Quelque temps plus tard, un changement d'adresse allait néanmoins mettre un terme à ma carrière de nageuse.

Mes parents avaient fait construire un petit pavillon dans un lotissement nommé La Motteville, à 10 kilomètres de la piscine. J'ai intégré l'école primaire locale en cours d'année, en CM2.

Ma scolarité avait jusqu'alors été sans relief. Comme il n'y avait pas de place pour moi à l'école maternelle de Perreuil, ce n'est qu'à l'âge de 5 ans que j'ai enfin franchi la porte d'une salle de classe. C'était en grande section. Cette absence de socialisation précoce a marqué mes débuts scolaires : toujours un peu en retrait, je n'osais pas prendre ma place. Difficile à croire pour qui me rencontre aujourd'hui ! À l'école primaire, j'étais toujours aussi discrète. Une élève moyenne, qui faisait de son mieux, mais sans éclat particulier. Les autres avançaient ; moi, je me noyais dans mes cahiers. Il fallait que je comprenne par moi-même ce que d'autres semblaient acquérir sans difficulté. Étais-je moins intelligente ? Trop décalée ? Ou juste lente ? Maman ne m'aidait pas à faire mes devoirs. Ça n'était pas sa manière à elle d'être là pour moi. J'ai donc très tôt compris que si je voulais réussir, il fallait que je travaille plus que les autres et ne compte que sur moi-même.

Ce changement de cadre aurait pu me déstabiliser, mais il a ravivé mon envie de me dépasser. C'est également à cette époque que j'ai commencé à m'intéresser davantage à mes capacités physiques. Le sport est devenu pour moi un exutoire, un moyen de canaliser mon énergie et de renforcer ma confiance en moi. C'est au collège Anne-Frank de Montchanin que ma relation avec le sport a véritablement changé ma vie.

Il est des rencontres qui se gravent dans la chair. M. Boulet, mon professeur d'EPS de l'époque, était un homme passionné d'athlétisme, mais exigeant. En une seule séance, de course, il a su déceler en moi un potentiel que je ne soupçonnais même pas. Cette reconnaissance de mes capacités m'a donné confiance en moi. Dans une période où je me sentais souvent invisible ou insuffisante, ce professeur a allumé une lumière. C'était peu dire qu'il ne me brossait pas dans le sens du poil ! Je me souviens des remarques sévères, des entraînements où il semblait exiger toujours plus. Il n'était jamais content ! Mais avec le recul, je comprends que cette rigueur était une forme d'attention. Mes résultats parlaient pour lui : à chaque entraînement, je progressais sur 100 mètres et 200 mètres plat. Ses exigences m'ont appris que le talent seul ne suffit pas, que l'effort et la discipline sont des moteurs indispensables pour avancer.

Un jour, M. Boulet m'a inscrite, presque malgré moi, au cross du collège. C'est une épreuve à laquelle j'ai participé sans grandes attentes. Or, à ma grande surprise, je l'ai gagnée ! Dans la foulée, si je puis dire, j'ai remporté le championnat de Saône-et-Loire. Ce jour-là, quelque chose s'est enclenché ; ce fut le début d'un cheminement intérieur, d'une transformation. « Parfois, il suffit qu'une personne croie en vous pour que tout change » : c'est l'une de mes phrases favorites, que je répète en boucle à longueur de journée.

C'est ainsi que l'athlétisme est entré dans ma vie. J'ai rejoint l'UNSS et commencé à m'entraîner sérieusement : chaque mercredi, pendant que d'autres flânaient, je serrais les dents et je sautais des haies. J'étais douée, et ce sport me permettait de cultiver des qualités que je découvrais en moi : la ténacité, la discipline et, surtout, le goût du dépassement de soi. Le sport à l'UNSS est devenu une bouffée d'oxygène entre les cases de mon emploi du temps. Ces moments m'offraient bien plus que de simples entraînements : ils étaient une parenthèse où je pouvais me concentrer sur moi-même, sur mes objectifs et mon épanouissement.

Je ne remercierai jamais assez ce cadre offert par l'école, qui m'a permis de trouver un équilibre quand tout semblait s'effondrer autour de moi, quand le chaos menaçait d'engloutir mon quotidien avec des événements douloureux comme la maladie, le décès d'un proche, je courais pour m'éloigner de la peine de ce que nous traversions à la maison. Je courais pour ne pas tomber. Chaque foulée était une manière de repousser l'effondrement intérieur.

Les enfants ont besoin de ces espaces pour se développer, pour découvrir des passions, pour apprendre la résilience. Le sport scolaire est un formidable outil : il ne s'agit pas uniquement de performances, mais d'apprentissage de soi, de dépassement. C'est le cadre idéal pour forger des caractères.

L'athlétisme a rapidement pris une place centrale dans mon existence. Ce n'était pas simplement un sport, mais un espace où je pouvais m'exprimer librement, loin des jugements ou des contraintes de la vie quotidienne. C'est sur la piste que j'ai appris que le dépassement de soi est avant tout un combat intérieur. Chaque foulée, chaque répétition me rapprochait de mon potentiel, même lorsque je doutais de mes capacités. Dès que j'avais le temps, du haut de mes 11 ans, je courais. Dans notre lotissement de Motteville, j'avais créé ma propre « piste » : trois rues formaient une boucle, qui se sont transformées en stade imaginaire. Les voisins, habitués à me voir passer, me saluaient parfois ou lançaient des encouragements : « Allez Carine, la gazelle, t'es notre championne ! » Les jours d'entraînements, j'enfourchais mon vélo pour rejoindre le stade ou la piste synthétique du collège. Sous la pluie, dans le vent ou sous un soleil écrasant, je partais toujours avec la même détermination. Ce qui m'a rendue pugnace, c'est le peu d'investissement de ma maman : elle ne m'aidait pas à m'organiser ni à me rendre aux entraînements, estimant que, si je voulais réussir, je devais apprendre à ne compter que sur moi-même. À l'époque, je la trouvais dure et injuste, mais elle a ainsi façonné ma force de caractère et mon autonomie.

Le sport, échappatoire joyeuse et insouciante, a rythmé ma vie jusqu'à ce que mon père tombe malade. Cancer du poumon. La maison vivait au rythme des allers-retours à l'hôpital, des espoirs fragiles et des nouvelles que l'on taisait – maman avait choisi de préserver une vérité trop lourde.

Cette année-là, la vie a décidé de frapper fort, et à plusieurs reprises. Tandis que mon père était hospitalisé en service de pneumologie au Creusot, ma sœur Mireille, alors âgée de 20 ans, a été victime d'un terrible accident de voiture. J'avais 13 ans. Le garçon qui la raccompagnait après un concert des Forbans a perdu le contrôle du véhicule et percuté un arbre. Ma sœur a été grièvement blessée : plongée dans le coma, les deux jambes fracturées.

En juin, alors que Roland-Garros battait son plein, mon père a été transféré à Lyon pour une opération. On devait lui retirer un lobe de poumon. Nous espérions que la chirurgie lui permettrait de retrouver des forces. Mais une fois au bloc opératoire, la réalité s'est imposée avec cruauté : le cancer était trop avancé, les métastases avaient envahi des zones inopérables. Il restait à mon père au mieux six mois à vivre. Mon père n'en a jamais rien su.

Le 5 juin 1983, nous avons vécu ensemble la finale de Roland-Garros. Yannick Noah affrontait Mats Wilander, et toute la chambre était suspendue à l'écran. Pendant quelques heures, plus de traitements, de douleurs, de pronostics, la maladie s'est fait oublier. Quand Noah a arraché la victoire, une rafale de joie a envahi la pièce. Mon père, pourtant affaibli, a esquissé un sourire sincère. Son voisin a applaudi en silence, les larmes aux yeux. Et moi, à 14 ans, j'ai compris que, même dans les moments les plus sombres, il reste des instants de lumière, des fragments de joie qui nous raccrochent à l'essentiel. Ce jour-là, Yannick Noah n'était pas seulement un champion, il incarnait l'espoir, le rêve, cette idée que la vie pouvait encore nous surprendre, même au bord du gouffre. Il devint aussi une de mes figures d'inspiration : grâce à sa rage de vaincre, il avait réalisé le rêve de sa vie. Ces souvenirs sont restés gravés en moi.

Et puis, un matin de décembre, tout s'est arrêté. Je n'étais pas à la maison ce jour-là. Au collège, la journée avait été ordinaire. On avait ri, partagé un repas à la cantine – du jambon Marie-Rose, mon plat préféré. Mais en rentrant, une sensation étrange m'a saisie en voyant toutes ces voitures garées devant chez nous. À l'intérieur, ma maman m'a prise dans ses bras et m'a dit : « Papa est parti. » Il est décédé à 11 heures, le vendredi 2 décembre 1983. Ce que je n'avais pas anticipé, c'est qu'il serait là, à la maison, couché dans leur chambre pour un dernier adieu. Maman, fidèle à ses principes, avait refusé qu'il parte à la morgue, loin de chez lui, de cette maison qu'ils avaient construite ensemble et où ils avaient espéré tant de bonheur. Étendu sur ce qui fut leur lit, il semblait apaisé, presque souriant. Ce fut ma première rencontre avec la mort. Cette vision m'a marquée à jamais car j'ai dû dormir trois nuits moi aussi à la maison et cela m'a traumatisée à tout jamais.

Les pompes funèbres ont apporté le cercueil le lundi matin pour y placer le corps de mon père. Je me souviens de ce moment avec une effroyable précision. J'ai entendu le bruit sourd de leurs pas, puis le crépitement sec de la visseuse scellant le cercueil. Ce son mécanique m'a traumatisée. Et puis la maison s'est remplie de monde, des visages plus ou moins familiers, venus pour dire un dernier au revoir à papa. Ma mère et ma sœur, absorbées par leurs propres douleurs, ne mesuraient pas à quel point cette proximité avec la mort m'avait bouleversée. Mais il fallait paraître impassible. Servir le café. Sourire aux visiteurs. Comment supporter ce jeu glaçant pour une enfant ?

Le jeudi suivant l'enterrement, je suis retournée au collège. J'étais en cinquième, mais on attendait de moi que je sois forte. En réalité, à l'intérieur, j'étais une enfant terrorisée. Malgré sa propre peine, ma maman est restée une combattante. À peine quelques jours après avoir perdu son époux, elle trouvait encore la volonté d'avancer, de ne pas se laisser engloutir par la douleur. Ce fut une immense leçon. Elle nous a maintenues à flot, elle et moi, dans un avenir qui semblait incertain. J'ai compris, en l'observant, qu'il y avait une force à puiser dans le chaos, un souffle qui nous porte quand tout semble nous abandonner. Mais à 14 ans, je n'étais pas encore armée pour cela. Je me sentais seule dans cette maison chargée de souvenirs, seule dans cette chambre où les nuits étaient hantées par des peurs qui n'étaient pas les miennes.

À 14 ans, j'avais déjà renoncé à l'insouciance. Mais à nous, les enfants cabossés, la vie donne en échange une rage de vaincre. Ces galères m'ont enseigné le courage de foncer face à l'adversité. Et ce courage, cette résilience m'ont accompagnée toute ma vie, me permettant de transformer les épreuves en piliers de ma force intérieure. Ce moment de ma vie a laissé en moi une empreinte indélébile. Ce n'est pas un fardeau qui m'écrase, mais plus une cicatrice qui m'a rendue plus forte. J'ai appris que la vie continue, même quand le pire arrive. J'ai appris que, parfois, la douleur ne s'atténue pas, mais qu'elle peut nous transformer.

Alors je me suis remise à courir. Pour conjurer la mort. Pour décharger la colère. Je me suis réfugiée dans le sport. Un de mes souvenirs les plus marquants reste cette journée à Mâcon, lors des interclubs. Ce jour-là, maman était dans les gradins. Et sa présence a tout changé pour moi. J'étais tellement heureuse que j'ai couru avec une énergie inattendue. Je me suis surpassée sur le 200 mètres, réalisant une de mes meilleures courses, et avec l'équipe nous avons remporté le relais 4 x 100 mètres. Cette expérience a renforcé mon sens du collectif et ma confiance en moi. Selon l'OMS, les enfants de 5 à 17 ans devraient pratiquer chaque jour au minimum soixante minutes d'activité physique. Mais courir, ce n'était pas juste une activité sportive : c'était une métaphore de ma vie. Chaque foulée était un pas vers une meilleure version de moi-même. Je courais pour dépasser mes limites, pour évacuer mes émotions, et surtout pour prouver que j'étais capable de réussir.

Contrairement à mon parcours sportif, ma trajectoire au collège fut peu spectaculaire, mais tout aussi remplie d'enseignements. Je n'étais pas l'élève qui brillait en classe ni celle qui attirait l'attention des enseignants avec des réponses éclatantes ou des copies parfaites. En classe de quatrième, je décidais pourtant de prendre des options ambitieuses : allemand et grec ancien. Un choix audacieux, peut-être même téméraire. Je voulais être avec les meilleurs, intégrer ces classes que l'on considérait comme des pépinières d'élites. Mais il ne suffit pas de s'asseoir parmi les meilleures élèves pour en devenir une. Entre les entraînements sportifs intenses et les trois heures hebdomadaires de grec, ma charge de travail était écrasante. Je n'avais pas encore trouvé la clé pour exceller dans ce contexte exigeant et, disons-le, je pataugeais joyeusement au milieu de cette classe prestigieuse, au point que j'échouais à obtenir le brevet des collèges.

Quand arriva le temps du choix de mon orientation au lycée, au vu de mes résultats, je me suis inscrite en BEP CAS (communication administrative et secrétariat) et en CAP ESAC (employée des services administratifs et commerciaux). Soyons honnêtes, ce n'était pas exactement l'orientation rêvée pour briller dans les salons mondains. Mais cela ne m'a pas empêchée d'exceller dans toutes les matières. Je ne faisais pas qu'assister aux cours, je les dévorais. Les professeurs m'aimaient bien, peut-être parce que je rendais leur travail plus facile. Mais ce n'était pas pour eux que je travaillais : c'était pour moi, pour mes ambitions.

C'est à cette époque que j'ai compris l'importance de croire en soi. Malheureusement, tout le monde n'était pas de cet avis. Un jour, j'ai surpris une conversation entre ma sœur et son mari, Loulou. Un de ces moments où on passe dans une pièce en espérant être invisible et où on entend ce qu'on n'était pas censé entendre. « Je ne sais pas ce qu'elle a trafiqué pour entrer en BEP », a dit mon beau-frère. « Trafiqué » ? Moi ? Sous-entendait-il que je n'avais pas ma place dans cette formation ? Cette phrase m'a pétrifiée, puis, dans la seconde qui a suivi, j'ai pris une décision : je lui prouverais qu'il avait tort. Je réussirais. Et pas juste un peu : je viserais les étoiles. Après tout, qui était-il pour me juger ?

Dès ma première année de BEP, j'ai décidé de repasser le brevet des collèges. Ce fut un véritable défi. Déjà engagée dans un parcours professionnel exigeant, je devais consacrer des heures supplémentaires à préparer cet examen. Mais je voulais prouver, autant à moi-même qu'à ceux qui m'avaient sous-estimée, que j'étais capable de réussir. Peut-être que cette expérience m'a appris la vraie signification de cette phrase de Gandhi : « C'est dans l'effort que l'on trouve la satisfaction et non dans la réussite. Un plein effort est une pleine victoire. » Je trouvais malgré tout le temps de pratiquer ma passion, l'athlétisme. Chaque entraînement, chaque compétition m'apprenait à me dépasser, à gérer la pression et à accepter l'échec comme une étape normale du chemin vers le succès. Une course ratée n'était jamais une fin, mais un point de départ pour faire mieux la prochaine fois. Cette philosophie, je l'ai appliquée dans tous les aspects de ma vie. L'athlétisme a aussi gravé en moi l'écho de l'effort. Comme cette fois où j'ai couru sous la pluie, pieds trempés, à me demander si mes baskets allaient tenir jusqu'à la ligne d'arrivée. Ou encore ces moments où je me demandais pourquoi je m'infligeais tant d'efforts, tandis que je vomissais au bord de la piste cendrée. Je rêvais d'un avenir meilleur ; hors de question de me laisser enfermer par les barrières que l'on m'imposait.

Aujourd'hui, je regarde en arrière avec fierté. Oui, Loulou, j'ai réussi. Mais plus encore, j'ai appris que réussir n'est pas prouver quoi que ce soit aux autres. C'est se prouver à soi-même qu'on est capable d'aller au bout de ses rêves, quels qu'ils soient. C'est précisément cette leçon que je veux transmettre à mes élèves, et à tous ceux qui croisent ma route : la ténacité vaut plus que n'importe quel parchemin. Nous pouvons tous être des athlètes de la ténacité. Je pense souvent à ces deux jeunes filles en phobie scolaire. Nous avions organisé un voyage à Paris. Or elles se trouvaient dans une souffrance telle qu'elles n'arrivaient même plus à prendre le bus. On ne se rend pas compte de l'angoisse provoquée par un trajet en bus ou en métro pour un jeune en phobie scolaire. Élèves, profs, famille, nous avons rivalisé d'inventivité pour nous adapter, y compris sur les horaires de métro, afin d'éviter les foules. Elles ont pu visiter le Panthéon, les Champs-Élysées, la tour Eiffel et même assister à l'enregistrement d'une émission de Laurent Ruquier. L'une d'entre elles avait un rêve qu'elle souhaitait concrétiser lors de ce voyage : acheter un sac chez Louis Vuitton. Son grand-père, conscient de l'effort colossal qu'elle avait fourni pour venir à Paris, le lui offrait en récompense. Entrer dans la boutique sur les Champs-Élysées, choisir le cœur battant un sac qu'elle convoitait depuis des mois, fut plus qu'un achat, un acte de courage. J'étais tellement fière d'elle. Ce sac était comme une médaille pour elle et, pour moi, c'était la preuve que j'avais bien fait mon travail.

Faire preuve de ténacité, c'est aussi montrer aux autres qu'on va réussir, même sans en être certain. Moi, avant une course, pendant l'échauffement, je me tapais sur les cuisses, et je regardais mes adversaires de haut entre deux accélérations pour les déstabiliser. Certaines courses se jouent avant même d'être dans les starting-blocks. Cette persévérance s'est inscrite dans mon ADN tout au long de mon parcours : de l'élève en difficulté à l'enseignante reconnue, de la petite fille timide à la sportive victorieuse, je suis la preuve vivante que l'effort et la persévérance peuvent tout changer.

Je n'ai pas eu de figure exemplaire pour me guider. Je veux en être une pour qu'aucun jeune ne se laisse contaminer par le défaitisme.

Visualiser la ligne d'arrivée

La ténacité est cette capacité à relever la tête, à scruter l'horizon au-delà des obstacles. C'est une erreur d'attendre de la rigueur de nos jeunes si l'on ne donne pas de sens à leur combat. La discipline se cultive par l'ambition. Visualiser la ligne d'arrivée, c'est penser la victoire comme le fruit d'un travail acharné, dans l'ombre, loin des projecteurs.

• Donner du sens avant d'exiger des efforts

La discipline a besoin d'un terreau : le rêve et l'ambition, pour commencer. L'envie d'aller plus loin que ce que le monde avait prévu pour nous. Avant de demander la rigueur, il faut montrer en quoi elle est indispensable.

• Voir l'horizon derrière l'obstacle

La ténacité, ce n'est pas refuser de voir les barrières : c'est apprendre à les regarder droit dans les yeux, puis à lever le regard au-delà. Ne pas s'arrêter à ce qui bloque, mais imaginer ce qu'il y a derrière.

• Enraciner l'ambition dans la patience

Visualiser la ligne d'arrivée, c'est penser la victoire comme la récolte silencieuse de ce que l'on a semé quotidiennement, inlassablement, même si les résultats ne sont pas immédiats.

• Faire de la répétition une alliée

« Répéter, encore et encore, c'est la clé. » Comme sur une piste, l'entraînement doit être quotidien. Les efforts réitérés, même sous la pluie ou dans des moments de doute, m'ont permis de progresser en athlétisme. Pour un élève, cela signifie revoir leurs leçons, reproduire des exercices, et surtout ne jamais relâcher ses efforts. Sans répétition, le cerveau humain ne peut retenir que sept éléments d'information pour une durée de trente secondes. Répéter, c'est stocker ces éléments non plus dans la mémoire à court terme, mais dans la mémoire à long terme : celle qui sauve les examens, mais qui nous permet aussi, plus tard, d'avoir une solide culture générale ! L'entraînement n'est pas une punition. C'est une arme. Répéter, recommencer, peaufiner : c'est ainsi que se fabriquent les victoires, loin des regards et des grandes scènes. La magie est dans l'effort invisible.

• Compter les petits pas autant
que les grandes enjambées

Chaque avancée compte, même celle qui semble minuscule. Chaque jour de doute traversé est une victoire. L'intelligence est une construction lente. Chaque relecture, chaque exercice corrigé, chaque effort supplémentaire bâtit une force qui reste pour toute une vie.

• Se rappeler que chacun est un athlète
de son propre destin

Le point de départ importe peu. Il faut savoir compter sur sa motivation en se souvenant qu'on ne travaille pas aussi dur pour les autres, mais pour soi : en acceptant ces concessions, je trace ma destinée.

• Faire de la ténacité une manière d'être au monde

Être têtu dans ses rêves, obstiné dans ses projets, fidèle à ses promesses : être tenace est non pas un effort ponctuel, mais une posture intérieure. Peu importe la vitesse, ce qui compte, c'est de ne jamais quitter la course. La vraie victoire, c'est de continuer à avancer, même à petits pas, même en rampant s'il le faut, le regard toujours fixé sur l'horizon. La ligne d'arrivée nous semble hors de portée ? Raison de plus pour repousser nos limites ! Le véritable athlète n'est pas celui qui court le plus vite, mais celui qui ne cesse jamais d'avancer.

• Se mettre en condition

Soigner son état physiologique et émotionnel est primordial. C'est une chose que j'ai travaillée en tant que sportive, et que tous les élèves devraient savoir. Non seulement la régulation des émotions et le bien-être sont indispensables aux apprentissages, mais en plus, selon la théorie du sentiment d'efficacité personnelle, notre état physiologique et émotionnel influe sur la perception de nos capacités !

Chapitre III

La famille n'est pas faite que de sang

La famille n'est pas faite que de sang. On peut être mère sans enfanter. Ma famille, c'est avant tout ceux qui m'ont donné une chance, c'est ceux avec qui j'ai tissé des liens plus forts que ceux du sang. Ce sont des gens qui, dans ma vie, m'ont voulu dans la leur.

Maman et moi avons un rapport écorché à la filiation : entre nous, les liens se tissent avec le temps et dans les épreuves. Son histoire fait écho à la mienne : un matin, sa mère est partie, sans explication et sans adieux. Paulette avait 6 ans. Son père, un homme courageux mais accablé par les responsabilités qu'il n'avait jamais imaginé devoir porter seul, s'est résolu à confier ses trois filles à l'assistance publique. C'est ainsi que, sous le poids des circonstances, maman fut séparée de ses deux sœurs : elle fut envoyée dans une famille d'accueil en Saône-et-Loire, tante Josiane à Givors et tante Jeanine à Dole.

Ces adieux ont été comme une déchirure, mais aussi comme un appel à la résilience. Maman s'est retrouvée dans une famille d'accueil très dure. Dans les années 1930, on n'accordait guère de tendresse aux enfants placés. Elle était nourrie, logée ; que demander de plus ? Les années ont creusé un fossé entre les trois sœurs, mais aucune d'elles n'a jamais oublié les deux autres : elles se sont retrouvées à leur majorité et ne se sont plus quittées. Et, malgré cette séparation forcée, ma maman a toujours gardé une relation très forte avec son père. Pour elle, son père, c'était tout.

C'est cette expérience qui l'a poussée à m'accueillir, des années plus tard. Elle avait connu l'abandon, elle avait vu les dégâts de la solitude. C'est pourquoi elle s'était juré que, si elle en avait l'occasion, elle offrirait à un enfant ce qu'elle n'avait pas eu : une famille, un foyer et, surtout, un amour inconditionnel. Les épreuves qu'ont traversées maman et ses sœurs auraient pu les briser, mais elles en ont fait une force. Elles m'ont appris qu'il est possible de transformer les blessures du passé en leçons pour l'avenir. Qu'une famille ne se limite pas aux liens du sang, mais qu'elle repose sur des choix, un engagement mutuel.

J'ai compris très tôt que ma famille d'accueil ne m'aimait pas par devoir, mais par choix. Ils avaient choisi de me donner une place dans leur vie, de m'ouvrir leur cœur, de m'élever chaque jour avec la même attention que si j'avais été leur fille biologique. Cette constance, cette fidélité dans l'amour et le soutien, m'a forgée et m'a appris que les plus grands actes d'amour sont souvent ceux que personne ne remarque, mais qui transforment une vie en profondeur.

Ma famille d'accueil n'a jamais été une parenthèse. Elle n'était pas une étape transitoire, une pause dans une vie chaotique. Elle est devenue ma famille, construite autour de valeurs partagées, de regards sincères et d'une volonté commune de grandir ensemble. Pourtant, on pourrait croire qu'une famille d'accueil se limite au rôle défini par son contrat : offrir un toit, de la nourriture et un cadre de vie décent à des enfants dont les trajectoires de vie ont été bouleversées. Ma maman d'accueil a fait bien plus que de remplir les exigences de ce rôle. Elle a transformé ce qui aurait pu être une simple tâche rémunérée en une mission d'amour et de transmission.

Arriver dans une famille qui n'est pas la sienne peut sembler déconcertant. Mais pas chez les Poncet. Je me souviendrai toujours des dimanches, jour sacré dans la famille, où tout le monde se retrouvait. Autour de la table, les histoires fusaient. Mon oncle Fanfan, avec sa voix grave et ses éclats de rire tonitruants, racontait des anecdotes qui nous faisaient pleurer de rire. Dans ce tumulte joyeux, deux présences m'étaient particulièrement chères : Maxime et Amandine, les enfants de ma sœur Josiane. Nous avons cinq et sept ans d'écart ; si peu finalement. Josiane a pratiquement l'âge de ma mère biologique, et a toujours occupé une place singulière dans ma vie. Ses enfants n'ont jamais été des neveu et nièce. Nous avons partagé les mêmes vacances, les mêmes secrets d'enfants, les mêmes silences lourds et les mêmes fous rires incontrôlables. Ils ont été mes complices, mes refuges, mes alliés dans une maison où les liens du sang se mêlaient à ceux du cœur. Amandine adorait enfiler les talons de ma maman, sa grand-mère, marchant avec fierté comme si elle défilait sur un podium imaginaire. Maxime, lui, passait des heures à jouer au ballon dans le jardin ou à faire des courses effrénées sur la terre battue avec ses petits cyclistes, les mains sales et le visage rayonnant. Ces moments simples sont devenus des trésors. Des morceaux d'enfance partagée qui font de nous plus que des parents éloignés sur l'arbre généalogique. Nous sommes une fratrie de cœur, forgée par les souvenirs, la complicité et l'amour. Maxime et Amandine sont mon frère et ma sœur de vie. Et aucun acte de naissance ne pourra jamais le traduire avec justesse. On ne choisit pas toujours ses proches, et parfois la vie nous les désigne comme une évidence : eux, c'étaient les miens. Sans titre officiel, sans définition sociale précise. Simplement les miens.

Ma famille d'accueil m'a offert plus qu'un foyer. Elle m'a donné des racines, une histoire et un amour inconditionnel qui continuent de m'habiter. Maman m'a prouvé que l'amour véritable ne s'achète pas, ne se commande pas. Ce cadeau, je veux le partager avec le monde entier, à travers mon histoire, mes actions, et ce livre. Ces liens m'ont appris une vérité essentielle : ce qui compte, ce n'est pas d'où l'on vient, mais qui on devient grâce à ceux qui croisent notre route. J'ai appris ce que signifie être aimée, écoutée, encouragée. Leur confiance en mes capacités, même dans les moments où je doutais de moi-même, a été un moteur puissant. À travers leur regard, j'ai compris que je valais quelque chose, que j'avais ma place dans ce monde.

Cette vision de la famille a bouleversé ma manière de transmettre. Les jeunes que j'accompagne, je les considère comme des membres de cette grande famille élargie. Ils sont mes enfants.

J'entends déjà certaines réactions : je devrais avoir un minimum de distance professionnelle, je ne devrais pas me prendre pour une « assistante sociale », je suis là « pour instruire, pas pour les éduquer ». Au-delà de ces croyances poussiéreuses, demandons-nous plutôt s'il est possible de transmettre en faisant abstraction de l'affect. La recherche a mis en évidence l'importance du lien affectif entre un professeur et ses élèves. Des chercheurs de l'université de Stanford ont démontré que l'empathie des enseignants permettait de réduire de moitié les exclusions de classe (de 9,8 % à 4,6 %). En encourageant les professeurs à privilégier la relation plutôt que la punition, les chercheurs ont observé une amélioration du comportement des élèves. En Finlande, des travaux menés depuis 2006 confirment qu'une attitude bienveillante des enseignants a un impact direct sur la motivation et les compétences scolaires des élèves. Plus qu'une approche pédagogique, l'empathie se révèle un levier efficace pour favoriser la réussite et la discipline en milieu scolaire. La relation entre enseignants et élèves n'est pas du tout la même dans ce pays où l'écart entre les élèves les plus forts et les plus faibles est le plus réduit au monde. On ne mise pas sur la pression, mais sur le respect des individualités : l'enseignement se fonde sur l'incitation, la participation, l'interactivité et la confiance. En France, la plupart de mes collègues ont été formés à ne pas trop s'impliquer et à ne pas tenir compte des situations particulières des élèves : s'en tenir au programme, et respecter le protocole. Parfois, il faut savoir négocier avec les règles.

Contrairement à un enseignant « classique » qui retrouve ses élèves quelques heures par semaine dans un cadre prédéfini, mon rôle m'amène à construire un écosystème autour d'eux. Mon travail demande d'instaurer un climat de confiance ; pour ce faire, je me suis parfois rendue dans des familles pour tisser du lien, et l'impliquer dans la réussite de l'enfant. Avec les années et les règlements de plus en plus rigides, j'ai appris à être (un peu) plus dans les clous, mais je ne conçois pas mon métier sans instaurer cette proximité. Pendant trois ans, de 2009 à 2012, j'ai assuré le remplacement du principal adjoint dans le seul collège classé « réseau d'éducation prioritaire » (REP+) de l'académie. Une expérience exigeante, mais profondément formatrice. Dans cet établissement ou 75 % des élèves sont issus de catégories socioprofessionnelles défavorisées, je n'ai eu que deux parents présents à la réunion d'accueil des sixièmes que j'avais organisée. Deux ! J'ai très vite compris que, pour assumer ce poste, il fallait plus que de la rigueur administrative : il fallait bâtir des ponts entre l'école et les familles.

Comment faire pour que les parents viennent, qu'ils s'intéressent à la scolarité de leur enfant ? Je ne comprenais pas, moi qui avais un fils du même âge dans un autre collège, où la totalité des parents répondaient présents. J'ai donc mis en place beaucoup de stratégies pour faire venir les parents, qui dans une très grande majorité n'étaient pas francophones, avec un seul mot d'ordre : faire rentrer les parents dans l'école. Avec des dispositifs comme l'« école ouverte » et l'« école des parents », mais aussi l'organisation de goûters, de cours de français, nous avons cherché à réconcilier les familles avec l'instruction, à recréer du lien, à restaurer la confiance. C'était une très belle expérience de contournement d'obstacles : il y a tant à faire pour réconcilier l'école et les familles ! Ce que l'on appelle la « coéducation », difficile à mettre en œuvre dans le cadre de l'école, est essentielle pour prévenir le décrochage scolaire, en particulier pour les élèves issus de familles défavorisées. Selon Pierre Périer, l'institution scolaire est souvent vécue comme distante, d'un point de vue social et culturel. Ces familles s'y sentent illégitimes, et cette distance pénalise les enfants dans leur scolarité[1].

La famille joue le rôle le plus important dans l'éducation d'un enfant : elle constitue le premier espace de socialisation dans lequel l'enfant entre en contact avec les autres, où il apprend les valeurs fondamentales pour vivre ensemble. C'est l'environnement où il va vivre ses premières expériences, où il va apprendre la vie en société. Mais, vous le savez, la famille n'est pas toujours au rendez-vous et l'école doit parfois prendre le relais.

On me le répète sans cesse, parfois avec une pointe de tendresse, parfois avec étonnement : « Madame, vous n'êtes pas comme les autres. » Et

1. Pierre Périer, *Des parents invisibles. L'école face à la précarité familiale*, PUF, 2019.

c'est vrai. Je ne coche pas toutes les cases du manuel de bonne conduite enseigné à l'Inspé (Institut national supérieur du professorat et de l'éducation). Je fais tout ce qu'on nous apprend à éviter, je dépasse toutes les limites qu'on nous met en garde de ne pas franchir : « Attention, les élèves ne sont pas vos enfants », nous répète-t-on lors de nos formations. Certes, ils ne sont pas mes enfants, ils ne font pas partie de ma famille nucléaire, mais ils me sont proches. De là à dire qu'ils font partie de ma famille élargie, oui, c'est un peu ça, même si le mot « famille » a une résonance toute particulière au vu de mon parcours d'enfant placée. Mais vous l'aurez compris, ça n'est pas une posture calculée ; c'est une inclination du cœur, un engagement viscéral pour moi.

En tant qu'enseignante, je ne me contente pas de transmettre des savoirs. Je transmets une vision de vie, une manière d'être au monde. Avec les élèves, nous construisons ensemble. Je veux qu'ils comprennent qu'ils ne sont pas limités par leur passé, par les étiquettes que d'autres leur collent. Ce qui importe, c'est ce qu'ils décident d'être, ici et maintenant. Je ne suis pas seulement là pour enseigner des connaissances. Je veux être ce pont, ce repère, ce lieu d'écoute qui permet à chaque jeune de se reconstruire. Avec les élèves, nous formons une sorte de famille, temporaire mais essentielle. Mais surtout aucun élève ne m'est plus important qu'un autre. Chacun existe, compte car personne n'est laissé de côté. Je garde en moi les visages et les histoires de chacun de ces jeunes. Ils font partie de ma famille, une famille qui n'a pas de limites géographiques ni temporelles. J'ai croisé leur chemin, et ils ont croisé le mien. Il y a toujours un chemin même quand tout semble perdu. Ce chemin, nous le traçons ensemble, avec le respect et la bienveillance comme boussole. Et, au fil des années, je sais que ces liens marqueront leur mémoire autant que la mienne.

La famille, au-delà du sang, est une œuvre collective. Elle repose sur des actes, des attentions, des mots qui consolident les fondations invisibles de nos vies. C'est une conception qui m'a permis de comprendre que nous ne sommes jamais vraiment seuls, même si parfois la solitude semble nous ensevelir. Chaque sourire, chaque main tendue est une preuve que l'humanité est capable de se réinventer.

Quand je rentre dans une salle de classe, je n'entre pas en tant qu'autorité. Je ne me tiens pas « au-dessus » des élèves. Bien au contraire : je cherche à tisser un lien horizontal, où le respect mutuel est central. Je reprends souvent cette citation de Montesquieu : « Pour faire de grandes choses, il ne faut pas être un si grand génie ; il ne faut pas être au-dessus des hommes, il faut être avec eux. »

Je ne dis pas qu'il faut renoncer à la verticalité, mais le modèle de soumission autrefois admis dans la relation éducative doit être aujourd'hui révolu. Nourrir l'horizontalité, c'est tisser des liens enrichissants entre l'enseignant et l'élève ; c'est gagner du respect mutuel dans les apprentissages ; c'est générer du positif, du bien-être, de la motivation. C'est partager.

J'apprends des choses à mes élèves, mais ils m'en apprennent tout autant. Ils me montrent leur monde, leurs codes, leurs façons de penser. Chaque jeune est un univers à découvrir, et c'est une chance d'être invitée à explorer ces territoires. Je crois profondément que l'apprentissage ne peut pas être imposé. Il naît d'un échange, d'un dialogue. En rejetant un rapport de pouvoir, je leur montre que leur voix compte. Je veux qu'ils comprennent qu'ils ont autant à m'apprendre que j'ai à leur transmettre. Et surtout, je ne veux pas me méprendre quant à la manière dont il faut que j'exerce ma mission. L'autorité, ça n'est pas la violence ou la coercition. Hannah Arendt l'a très bien expliqué dans son essai « Qu'est-ce que l'autorité ? », en 1958 : « Pourtant l'autorité exclut l'usage de moyens extérieurs de coercition ; là où la force est employée, l'autorité proprement dite a échoué[1]. » Pour Arendt, l'autorité n'est ni coercition ni persuasion. C'est une hiérarchie dont on

1. Hannah Arendt, « Qu'est-ce que l'autorité ? » dans *La Crise de la culture*, Gallimard, 1968.

reconnaît la justesse et la légitimité. Autrement dit, l'autorité n'est pas l'autoritarisme. Les générations précédentes craignaient les maîtres : ils redoutaient les sanctions, les humiliations, voire les coups. Tout le défi pour la nouvelle génération d'enseignants, c'est de faire accepter une autorité juste et bienveillante : que les élèves nous écoutent parce que nous sommes là pour eux.

Un jour, alors que j'échangeais avec deux de mes élèves sur leurs passions et leurs centres d'intérêt, la conversation a dévié sur TikTok, un univers que je connaissais à peine. Ils m'ont rapidement lancé un défi, à savoir réaliser une vidéo ensemble sur une chorégraphie populaire. Avec un mélange d'excitation et d'appréhension, j'ai accepté. Pendant une pause, ils ont commencé à m'apprendre les mouvements avec une patience et une pédagogie que je ne pouvais qu'admirer. Nous avons ri à chaque tentative maladroite de ma part ! À cet instant, les rôles s'étaient inversés : j'étais leur élève et eux, mes enseignants. Quand nous avons finalement enregistré la vidéo, dansant à trois dans une salle de classe et avec une synchronisation approximative mais enthousiaste, j'ai ressenti un mélange de fierté et de reconnaissance. Ce moment m'a rappelé une vérité essentielle : la transmission n'est jamais à sens unique. Même si le temps d'un échange nos rôles ont été quelque peu inversés, dans la magie du moment, je restais leur professeure mais je devenais accessible au changement, accessible à la modernité qui permet à chacun de transmettre.

Ce sont ces échanges, où chacun devient à tour de rôle apprenant et enseignant, qui enrichissent la relation éducative et, au passage, offrent des souvenirs inoubliables. Notre vidéo a rencontré un franc succès, bien au-delà de ce que j'aurais imaginé. En quelques jours, elle accumule des milliers de vues, des commentaires enthousiastes et des partages, portés par l'énergie et la complicité qu'elle reflétait. Mes deux élèves, fiers comme tout, ne cessaient de répéter : « Madame, vous êtes une star maintenant ! »

Moi, entre ces deux éclats de rire, je commençais à entrevoir le potentiel incroyable de cette aventure. Je prenais conscience que les réseaux sociaux jouaient un rôle dans la sociabilisation des élèves et qu'ils pouvaient même en aider certains à gagner en confiance. À partir de ce jour, j'ai commencé à publier régulièrement sur les réseaux sociaux, partageant des bribes de mon quotidien d'enseignante, mes réflexions sur l'éducation, des moments d'échanges précieux avec mes élèves, et même mes tenues du jour (je suis une fan de mode). Cette première vidéo fut le début d'une nouvelle façon de communiquer et de créer du lien pas seulement avec mes élèves, mais avec un public bien plus large. Une aventure numérique qui, depuis, ne cesse de me procurer des surprises et des occasions de transmettre autrement.

J'ai été la première professeure de France à publier des « tenues du jour » en classe sur TikTok. Pas pour jouer l'influenceuse, mais pour casser les codes, éveiller la curiosité et redonner aux jeunes le goût de venir en cours. Avec moi, ce n'est pas du prêt-à-porter. C'est de la haute couture éducative. C'est vrai, je soigne mon style, c'est pour moi une marque de respect. C'est même devenu plus encore : mes élèves me regardent autrement. Je m'adresse à eux sur leur terrain. Certains attendent même avec impatience ma publication pour la commenter. Mon style, c'est mon outil ! L'image que l'on renvoie peut être une clé… ou une chaîne. Vous ne trouverez cette affirmation dans aucun manuel pédagogique, pourtant elle est primordiale : l'image n'est pas de la superficialité. C'est de l'identité qui s'affirme. Et dans ma salle de classe, tout le monde a droit à son style, à sa dignité, à sa représentation. Je ne forme pas des clones. Je révèle des présences.

À mes yeux, la notion de transmission est indissociable de celle de famille. La famille, c'est avant tout un échange perpétuel : de valeurs, de connaissances, d'espérances. Une matière vivante qui se partage, énerve parfois, mais qui relie. Une manière d'habiter le monde.

Si l'on n'a rien à transmettre, alors il ne reste plus qu'un vide, un rapport fonctionnel sans âme. Il en va de même avec nos élèves : « faire famille » avec eux, même symboliquement, c'est leur donner plus que des cours. C'est leur transmettre un peu d'humanité.

Mais faire famille avec ses élèves suppose aussi de leur apparaître en tant qu'êtres humains entiers, de ne pas se montrer distant ou inaccessible. Se montrer humain est la condition pour instaurer une relation authentique. Et soyons honnêtes : à l'heure où Google, Wikipédia et surtout ChatGPT répondent plus vite que nous aux questions de culture générale, l'idée même d'enseignant omniscient a pris du plomb dans l'aile. Face à une intelligence artificielle capable de donner la réponse à toute question en moins de temps qu'il ne faut pour la poser, l'esbroufe ne tient plus. Nous sommes contraints à une nouvelle vertu : l'humilité.

Dire « je ne sais pas » est devenu plus noble que d'essayer de sauver la face. ChatGPT ne nous vole pas seulement nos réponses : il nous oblige à redevenir profondément humains. À accepter nos lacunes. À montrer aux élèves que la quête de savoir est infinie, et que l'ignorance, quand elle est reconnue, est déjà un pas vers la connaissance. Mais cette humilité-là, je n'ai pas attendu l'intelligence artificielle pour l'embrasser. J'ai toujours assumé mes limites devant mes élèves. Car comment exiger d'eux la sincérité, le courage, si moi-même je me cache derrière un masque d'invulnérabilité ? Imaginez la honte : se faire corriger en direct par une IA tout en prétendant tout savoir !

Non, la véritable autorité naît d'une autre source : elle vient de la confiance qu'on construit patiemment. Elle vient de cette capacité à se tenir debout devant eux, avec ses forces, ses faiblesses, ses contradictions, et surtout, ses émotions. C'est ce qui fait de nous, non pas des banques de données sur pattes, mais des passeurs, des éveilleurs, des adultes sur lesquels ils peuvent compter non parce qu'on est infaillibles, mais parce qu'on est sincères.

Avec mes jeunes, nous ne sommes pas forcément égaux mais nous sommes complémentaires, nous nous respectons et nous nous soutenons les uns les autres. Notre « classe-famille » est aussi un lieu d'entraide. Évidemment, c'est assez lourd, tout n'est pas rose comme dans un téléfilm. J'ai très vite été happée par la réalité : très jeune prof déjà, à peine plus âgée que certains élèves, les jeunes venaient vers moi pour demander de l'aide, souvent dans des situations dramatiques. Problèmes familiaux, violences, abandons… J'ai vu des élèves souffrir. J'ai vu des élèves mourir, d'accidents ou d'overdose, sans avoir la distance pour appréhender

« professionnellement » ces événements. Chaque fois, j'ai été submergée. Chaque fois, mon âme s'est ébréchée. Mais ils venaient parce qu'ils sentaient, confusément, que je ne les renverrais pas à la froideur institutionnelle du « ce n'est pas de ma compétence ». Je leur parlais, je les écoutais, je faisais ce que je pouvais. Certains collègues m'ont dit que je dépassais mon rôle, que je faisais de l'assistanat social à mes risques et périls. Moi, je me disais simplement : plus j'en sais, mieux je peux les protéger. Et puis, en mission de lutte contre le décrochage scolaire, on a un rôle un peu spécial, qui exige une forme de proximité avec les élèves. Pour moi, connaître leur environnement, leurs blessures, leurs peurs, n'a rien d'une curiosité malsaine ni d'une intrusion ; c'est une forme de vigilance, presque un devoir. Comment prétendre enseigner à un être en détresse sans connaître ce qui pèse sur ses épaules ?

Deux élèves me reviennent en mémoire avec émotion. Je me souviens de cet élève homosexuel, que j'appellerai Aziz, rejeté par sa famille et harcelé silencieusement par ses pairs. Nous avons organisé un véritable réseau de solidarité autour de lui et ses camarades l'ont hébergé à tour de rôle. Et quand il a cherché un service civique, je l'ai pris chez Jumps, notre association : je voulais lui montrer qu'il existait un endroit où l'on pouvait être accueilli sans peur, sans étiquette, sans jugement. Il était évident que c'était notre rôle, à nous, de nous mobiliser pour lui !

Je me rappelle enfin d'une autre élève, que j'appellerai Emma. Elle portait sur ses épaules le poids d'une famille éclatée, des blessures que l'on soupçonnait dans chaque mot qu'elle peinait à prononcer. Avec Emma, nous avons construit un lien fondé sur la confiance, mais aussi sur l'authenticité. Elle m'a raconté son histoire et à travers elle j'ai mieux compris ce que signifiaient l'abandon et le harcèlement, dont elle était victime. En retour, j'ai partagé une partie de mon passé, pour lui montrer que même les blessures les plus profondes peuvent se transformer en force. Un jour, Emma m'a écrit une lettre dans laquelle elle me remerciait de l'avoir vue telle qu'elle était, au-delà de ses échecs scolaires et de ses silences. Elle m'a parlé de son harcèlement. Et elle a terminé sa lettre par ces lots : « Grâce à vous, j'ai compris que je pouvais être fière de mon parcours, même cabossé. »

Cette lettre, je la garde précieusement dans un cahier avec beaucoup d'autres, et je la relis souvent pour me rappeler pourquoi je fais ce métier.

Une relation authentique

• Ne pas compartimenter la relation

Quand un élève entre dans votre classe, il vient avec tout ce qu'il porte en lui : ses doutes, ses blessures, son âme cabossée, sa fierté parfois écorchée. Croire que notre mission se limite aux savoirs académiques, c'est fermer les yeux sur ce que nous savons tous au fond : un élève qui va mal n'apprend pas. On ne choisit pas les morceaux de leur vie qu'on veut voir. Il faut tout accueillir, même ce qui déborde du cadre prévu.

• Assumer la dimension affective de l'enseignement

Je l'entends souvent : « Nous ne sommes pas des assistantes sociales. » Et c'est vrai, nous ne le sommes pas. Nous sommes bien plus que cela. Nous sommes des adultes référents, parfois leur seule relation avec une personne adulte. L'affection, dans sa forme la plus digne, n'est pas un écart de notre métier, c'est à mon sens la condition même de possibilité d'une relation pédagogique. L'affect ne nuit pas à l'exigence, il la rend possible.

• S'engager sans compter, mais sans se perdre

Être à 100 % dans la relation ne veut pas dire s'oublier ou porter tout sur ses épaules. Cela veut dire être présent pleinement, intensément, quand on est là, mais rester soucieux de l'autre même en dehors des horaires. C'est pour ça que je suis tout le temps joignable. Mais nous avons le droit d'avoir une vie privée, des soucis personnels, même être en arrêt maladie – nous sommes humains. Mais nous ne pouvons pas mentir aux jeunes : si on est engagé, on l'est corps et âme.

• Savoir que l'authenticité est perçue instantanément

Les jeunes sont des radars émotionnels. Ils savent, sans qu'on ait besoin de le dire, si nous sommes sincères. Ils repèrent en une seconde la fausse bienveillance, un sourire contraint, les encouragements forcés. Mais un geste vrai, et sincère, même imparfait, laissera une trace indélébile.

• Avoir plusieurs casquettes

Je le sais parce que mes élèves me l'ont dit sans détour : « Vous êtes un peu notre maman. » Cette reconnaissance instinctive me touche profondément. Si vous restez dans une posture d'autorité, ou de détenteur d'un savoir pur, bon courage pour gagner leur confiance ! Il faut qu'ils sentent qu'on est là, qu'on ne les abandonnera pas. Et je suis fière de porter ces élèves avec amour, quoi qu'on en dise.

- Refuser de se réfugier derrière la fiche de poste

Il est facile de se retrancher derrière son rôle officiel pour éviter de se laisser atteindre. Mais si l'on veut véritablement aider les élèves à grandir, il faut accepter que notre champ de compétences doive parfois s'élargir. Être professeur, c'est parfois devenir médiateur, confident, parfois un guide, mais jamais une entité figée.

- Construire une sécurité affective inconditionnelle

Chaque jour, par notre regard, par nos mots, avec constance, répétons à nos élèves : « Tu comptes. Tu es important, même quand tu échoues. » Cette sécurité affective ne se négocie pas. Elle ne dépend ni des notes ni du comportement du jour. Elle est offerte sans condition. C'est elle qui autorise ensuite l'effort, le risque, l'ambition.

- Être l'adulte qui ne lâche pas

Quand tout vacille, être l'adulte qui reste là est essentiel, même quand les comportements choquent, déçoivent, chagrinent. Après tout, ils n'ont pas fini de grandir ! L'adulte doit garder la foi, se cramponner à ses valeurs, ramener sans cesse les élèves à leurs projets, au travail collectif, à leurs objectifs. La tâche est éreintante, mais mille fois récompensée.

• Comprendre que la relation est le socle de l'exigence

Être exigeant sans lien, c'est exercer du pouvoir, être dans l'autoritarisme. Être exigeant dans le lien, c'est être responsable. Quand un élève sent qu'il compte pour vous, il acceptera de se dépasser. Pas pour l'autorité, pas pour l'école, mais pour ce lien unique qui vous unit. L'exigence devient alors un acte d'amour, un pari sur la grandeur, le pari de l'éducabilité.

• Étendre son rôle

Il ne faut jamais manquer une occasion de dépasser les mauvaises limites. Quand ils passent leurs épreuves, j'accompagne toujours mes élèves aux centres d'examens. Ils acceptent de moi ce qu'ils n'accepteraient pas de leurs parents. Ils poussent la porte, leur avenir est devant eux, et ils sont tellement heureux que je sois avec eux. Chaque prof devrait avoir l'opportunité de partager ce moment avec les élèves.

Chapitre IV

Les vertus de l'autolouange

Maman m'a toujours dit : « Il vaut mieux faire envie que pitié. » C'est devenu un de mes mantras. Mais pas toujours facile à assumer… Nous traversons une époque où se plaindre est tendance. On nous exhorte à pleurnicher sur notre sort, à nous lamenter. En revanche, dès que quelqu'un affiche une certaine assurance, une confiance en lui, on lui dit qu'il « se la pète », qu'il est « hautain ». Je n'ai jamais été sûre de moi, mais je fonce. S'autoflageller ne sert à rien.

Quand on se bat pour survivre dès la naissance, seule, loin de l'affection de ses parents, on développe des parades. Comme ce bercement, que l'on appelle « autocâlin », que j'ai commencé dès les premiers mois qui ont suivi ma naissance : je place ma main sur mon crâne, je me berce du côté gauche et je me laisse porter. Cette stratégie comblait le manque d'ocytocine lié aux conditions de ma naissance. Cette hormone, produite lors des contacts physiques et en réaction aux attitudes bienveillantes, offre aux nouveau-nés un sentiment de sécurité, mais aussi la confiance dont ils ont besoin. Et lorsqu'on grandit, elle réduit le stress dans les interactions sociales. Bercer un enfant améliore aussi la qualité de son sommeil, sa digestion. Et surtout, ce mouvement régulier l'apaise parce qu'il le sécurise. Quand maman Paulette est venue me chercher à l'orphelinat, on lui a dit que je me berçais tellement que le côté gauche de ma tête était chauve… Cet épisode reste pour moi un symbole de résilience. Même dans des conditions difficiles, j'ai trouvé un moyen de me réconforter.

À l'aurore de ma vie, je n'ai eu droit ni au réconfort de bercements ni à des mots encourageants : j'étais seule. Aussi, en grandissant, j'ai appris les vertus de l'« autolouange » : il faut se valoriser soi-même, car personne ne le fera à votre place. Alors oui, je m'autorise à briller, à présumer de mon talent de mannequin, de chanteuse, de *showgirl*, de créatrice d'entreprise, de présidente de deux associations.

Quand on a besoin d'arracher à la vie ce qu'elle vous refuse, on devient une lionne. Pas le temps de faire des manières. On peut dire, d'une certaine façon, que la modestie est un luxe : si vous n'avez pas besoin d'apprendre à vous aimer, c'est que les autres l'ont fait pour vous. J'ai pris le parti de m'aimer. J'ai étouffé ce syndrome de l'imposteur qui m'empoisonnait, et j'affiche une confiance en moi presque scandaleuse. Mais comment être performant, comment convaincre les autres, si l'on ne croit pas en soi ?

Pour qui ne connaît pas mon histoire, cette manière d'aborder la vie peut sembler pour le moins audacieuse, voire mégalomane. En réalité, c'est cette infinie blessure qui m'a contrainte à me donner de l'amour et de la force à moi-même. On apprend vite à se débrouiller quand on grandit sans bras autour de soi, quand l'affection ne vous est pas servie sur un plateau. Je suis devenue mon propre refuge. J'ai appris à être autonome et à me suffire à moi-même. Dans la vie, il est indispensable de se motiver, de se persuader qu'on est capable d'atteindre les objectifs qu'on s'est fixés. Attendre que les autres nous valorisent ou nous soutiennent est une erreur, car cette attente peut nous freiner. N'attendez pas que quelqu'un reconnaisse votre valeur : créez-la ! Créer sa propre valeur, c'est refuser d'attendre la validation des autres, et foncer.

Très jeune, comme j'adorais l'écriture et la calligraphie, j'écrivais dès que je le pouvais, au départ pour tuer le temps, puis par passion. C'est parce que j'ai décidé que c'était important et que je pouvais avoir du talent que j'ai persévéré dans l'écriture, dont tout le monde se moquait. Personne n'a jamais daigné regarder ce que j'écrivais. J'ai malgré tout terminé mon premier roman *Le Droit d'aimer*. Je le publierai peut-être un jour, qui sait ? Il faut être son propre moteur, puiser en soi les ressources pour avancer. Si personne ne vous tend les clés, fabriquez-les vous-même. Je suis la preuve vivante qu'on peut créer ses propres outils, non seulement pour survivre, mais aussi pour réussir dans la vie.

Alors, à toutes celles et ceux qui doutent, qui attendent que quelqu'un leur tende la main : osez. Soyez votre propre appui, votre propre force. Car c'est en croyant en vous que vous brillez vraiment. La force de l'autolouange, c'est qu'elle vient de vous, et ne dépend pas du bon vouloir des autres.

Mon entrée dans le monde de l'athlétisme a marqué le début de mon combat pour la reconnaissance. Après la mort de mon père, j'ai dû à la fois soutenir ma maman, qui se retrouvait seule, mais aussi me soutenir moi-même. J'ai dû me prendre la main et me faire confiance pour affronter les prochaines difficultés de la vie. L'athlétisme m'a aidée à franchir cette étape. Être sportive de haut niveau exigeait rigueur, discipline et dépassement de soi. Chaque entraînement, chaque compétition était une opportunité de prouver ma valeur, à moi-même d'abord, puis aux autres. Le sport m'a appris à transformer mes faiblesses en forces. La douleur physique des entraînements intenses m'a appris à supporter les souffrances émotionnelles que nous infligent les jugements et les préjugés. Dans un environnement où la couleur de ma peau pouvait être un facteur de discrimination, le chronomètre ne mentait pas. Mes performances parlaient pour moi, et elles étaient indiscutables. Ces premières victoires m'ont enseigné la résistance et la persévérance, des qualités qui allaient m'accompagner tout au long de mon parcours. Sur les pistes, je n'étais plus une enfant placée ; j'étais une compétitrice, une athlète respectée pour ses performances. Chaque podium gravé dans ma mémoire représente une victoire personnelle et sociale. C'était bien plus qu'une médaille : c'était une affirmation de mon existence, une manière de dire au monde que j'avais ma place là où j'étais.

Le besoin de reconnaissance peut être perçu comme une fragilité ; pour moi, il a été un moteur essentiel. C'est vrai, je recherchais la gloire et la célébrité par tous les moyens. Je me suis persuadée que ce regard que ma mère biologique n'a jamais posé sur moi pouvait être remplacé par des rêves de grandeur et des ambitions audacieuses. Ces rêves n'étaient pas de simples fantasmes d'enfant, mais des stratégies de survie dans un monde qui ne me faisait pas de cadeau. Dès mon plus jeune âge, j'ai compris que, pour exister, il fallait briller. Et pour briller, il fallait oser. Oser dépasser les attentes, affronter les préjugés et, surtout, oser croire en soi.

La soif de reconnaissance et la quête de validation sont fréquentes chez les enfants placés. Au départ, je rêvais de devenir chanteuse ou actrice. Ces aspirations, bien que naïves, étaient profondément enracinées dans un besoin d'être vue, entendue et aimée. Enfant, je composais mes propres chansons, m'imaginant sur scène devant des foules en délire. Chaque mot que j'écrivais, chaque mélodie que je fredonnais étaient des expressions de mon désir d'échapper à ma réalité et de construire une identité qui serait admirée et respectée.

Je me souviens encore de Sophie Marceau lorsqu'elle a reçu son César pour son rôle dans *La Boum*. Je m'identifiais à elle, une adolescente lumineuse qui avait conquis le cœur du public. Dans ma chambre, je restituais cette cérémonie, imaginant que c'était moi qui recevais ce prix prestigieux. Je me conditionnais doucement à croire que tout était possible.

C'est la raison pour laquelle, à 16 ans, j'ai eu l'outrecuidance – pour certains – de m'inscrire au concours des reines de mon village. C'était un acte de bravoure dans un contexte où ma couleur de peau rendait ma participation controversée. Mais j'ai osé, j'y ai cru et j'ai été élue première vice-reine ! Cette reconnaissance, bien que symbolique, était une victoire personnelle et sociale. Elle m'a montré que l'audace paie, même face à l'adversité.

La musique a toujours été un refuge pour moi, une manière d'exprimer mes émotions et de raconter mon histoire. Ma passion pour le chant m'a conduite à Paris, où un jeune label, Black Sound Production, a cru en mon potentiel. J'ai enregistré un mini-album, dont un titre, « Esclaves du Soleil », était pressenti pour devenir un succès estival. Mais la chanson qui me tient le plus à cœur reste « J'ai le blues ». Ce morceau est une véritable thérapie, une mise à nu de mon parcours et de ma quête d'identité.

Sur cet album, il y avait aussi une reprise de « Lullaby of Birdland » et un titre intitulé « Racines », qui explorait mes origines et mon histoire. Ces chansons étaient plus qu'un projet artistique ; elles étaient une exploration de mon identité, une manière de transformer mes blessures en force créative. L'album n'est jamais sorti ; entre-temps, j'avais pris la décision de me concentrer sur mes études et sur ma famille.

À 18 ans, j'ai aussi exploré le monde du mannequinat. J'ai eu l'honneur de porter des créations de Guy Laroche. Cette expérience est restée gravée dans ma mémoire. Le mannequinat, comme l'athlétisme ou la musique, m'a permis de monter sur scène, de me présenter au monde sous un jour nouveau. Chaque défilé était une performance, une opportunité de briller et de prouver que je méritais d'être là. Ces expériences ont aussi cultivé mon goût pour la mode, une passion que je continue à exprimer aujourd'hui à travers mes looks partagés sur TikTok avec mes élèves.

Lors de chacune de ces expériences, je me suis répété que je valais quelque chose. Les neurosciences l'ont démontré : un dialogue interne négatif produit des croyances limitantes. Et s'il y a une chose dont nous n'avons pas besoin, c'est de nos propres croyances limitantes : celles des autres suffisent amplement ! Les croyances limitantes freinent notre ambition, nous dupent sur nous-même et favorisent les conflits interpersonnels. Il faut les remplacer par des croyances facilitantes : « Tu peux y arriver », « Tu as déjà prouvé que tu pouvais le faire », « Si tu rêves de le faire, c'est parce que tu en es capable ». Si les autres ne supportent pas que nous cultivions cette positivité à notre égard, il serait intéressant qu'ils nous expliquent pourquoi. Mais c'est leur problème, pas le mien.

J'ai définitivement décidé de tourner la page sur mes ambitions artistiques et sportives pour me consacrer à ma famille et à mon métier à la naissance de mon fils Lucas, en 1998. Ce choix n'était pas un renoncement, mais une redirection. J'avais trouvé dans ma vie de mère et d'enseignante une satisfaction profonde qui ne nécessitait plus la validation extérieure. Mon fils m'a offert une forme de reconnaissance que je n'avais jamais connue auparavant, une lumière intérieure qui a remplacé le besoin d'être sous les feux de la rampe.

En tant qu'enseignante, je me retrouve aussi sur une scène, différente mais tout aussi gratifiante. Chaque jour, je monte sur le « podium » de la salle de classe, non pas pour recevoir des applaudissements, mais pour donner aux jeunes la confiance et les outils dont ils ont besoin pour briller à leur tour. Mon expérience personnelle me permet de comprendre leurs doutes et leurs luttes. Je sais ce que c'est que de souffrir du syndrome de l'imposteur. Et c'est précisément pour cette raison que je m'efforce de leur enseigner l'importance de croire en eux-mêmes.

Le syndrome de l'imposteur est un poison qui nous empêche de réaliser notre potentiel. Comment convaincre les autres de croire en eux si nous doutons de nous-même ? Chaque expérience, chaque risque pris m'ont permis de renforcer ma confiance en moi.

Aujourd'hui, je partage cette leçon avec mes élèves et mon entourage. Si l'on attend que les autres nous valorisent, notre réussite dépend de leur bon vouloir ! Il est alors indispensable d'oser briller. Et comme je le dis depuis le début de ma carrière : si les autres en sont gênés, qu'ils mettent des lunettes de soleil. La vie est trop courte pour attendre la validation de qui que ce soit. Nous avons tous le droit de rêver grand, de nous affirmer, et de poursuivre nos passions sans réserve.

Mon plus grand accomplissement est d'avoir dompté ce syndrome de l'imposteur et d'être capable d'aider les autres à faire de même. Je pense particulièrement aux filles, championnes de la dépréciation. N'ayez pas peur de briller, les filles ! Osez l'autolouange. Tendez-vous la main avec douceur et bienveillance. Reconnaissez votre propre souffrance sans jugement, sans chercher à l'ignorer ni à la minimiser, mais aussi sans vous laisser submerger par elle. Offrez-vous le même soutien, la même empathie que celle que vous offririez à un proche dans la douleur. Au lieu de vous flageller, traitez-vous avec la même indulgence et compréhension que celle que vous accorderiez à un ami en difficulté. Et autorisez-vous à être vous-mêmes, avec vos défauts et vos qualités.

Tenter de connaître sa valeur et l'assumer est un exercice difficile pour beaucoup de jeunes. Je ne supporte pas de voir des élèves renfrognés dans leur mal-être, incapables de parler d'eux. Je leur répète qu'ils doivent absolument accepter de se vendre, parce que sinon, quelqu'un prendra leur place. Ils ne savent pas se mettre en valeur. Et pour cause, on ne leur a jamais demandé de le faire ! Ils ont évolué dans une école qui se moque éperdument de leurs performances mais qui attend d'eux qu'ils écoutent et se taisent.

Pour mieux apprendre à les connaître et les aider à valoriser leur profil, je leur demande souvent de donner une qualité qui les caractérise. La plupart du temps, aucun mot ne leur vient à l'esprit. Je leur propose alors une liste d'adjectifs et d'éléments de langage dans laquelle ils puisent pour décrire leur personnalité et leurs émotions. Ils apprennent alors à se questionner : qu'est-ce que j'aime chez moi ? Pourquoi ? Qu'est-ce qui fait de moi un être exceptionnel ?

La première chose que je leur demande au premier entretien, c'est ce qu'ils font en dehors de l'école. L'institution scolaire tend à valoriser principalement les compétences académiques formelles au détriment des expériences extrascolaires, alors que ces dernières sont des puissants révélateurs de talents, de savoir-être et de compétences transférables. Certains élèves travaillent dans des bars, sont pompiers ou musiciens, s'occupent de leurs frères et sœurs, sont bénévoles dans des associations, pratiquent un sport à haut niveau, sont artistes… Quel dommage que l'école ne mette pas en avant tous leurs savoir-faire ! Quand on prend le temps de s'intéresser à leurs parcours, on se rend compte de la richesse des savoir-faire et des savoir-être des élèves.

Il faudrait consacrer au moins une journée par an pour valoriser les compétences extrascolaires. Mettre en place une semaine des « talents cachés », des entretiens individuels valorisant le hors-scolaire ou un CV de vie pourrait permettre à chacun de se sentir reconnu dans sa globalité, au-delà des notes. Surtout, nous pourrions valoriser les élèves et les considérer comme des personnes. L'école les a abîmés, mais ils sont remplis d'autres potentiels.

Croire en soi, croire en eux

« Connais-toi toi-même », disait Socrate. J'ajouterai : apprends à t'aimer avec tes imperfections, et crois en toi. Adultes, nous jouons un rôle que nous soupçonnons à peine dans ce processus. Débarrassons-nous des croyances négatives pour donner à nos enfants, à nos élèves, toutes les chances de s'épanouir.

• Identifier ses croyances limitantes ou celle de son enfant/élève

« Je suis nul en géographie », « Il n'existe pas de gens bienveillants », « Je ne suis pas de ceux qui réussissent » sont des croyances limitantes. Contrez-les par des actions et un discours opposés, avec des croyances facilitantes.

• S'aimer

Comme l'écrivait Oscar Wilde : « S'aimer soi-même est le début d'une histoire d'amour qui durera toute une vie. » Il est primordial, vital, d'apprendre à s'aimer. Sinon, on est en proie aux vents changeants, aux avis fluctuants des autres à notre égard, et l'on attend la permission de réaliser nos rêves et nos projets.

• Infatigables sphinx : l'échec comme étape vers la croissance

Dans la construction de soi, l'échec est souvent perçu comme un obstacle insurmontable. Pourtant, un échec n'est pas une sentence définitive, mais une étape vers la croissance. L'élève doit se penser dans une dynamique de croissance permanente, et bien comprendre que l'échec n'annule pas la foi que les autres ont en lui, et ne doit pas annuler sa foi en lui-même. Pourtant, chaque fois qu'il tombe puis se relève, l'élève ramasse quelques précieuses poussières d'expérience.

• Se libérer du regard des autres

Il faut apprendre à avancer par soi et pour soi, indépendamment d'un jugement qui n'est jamais neutre. Lao Tseu l'avait bien compris : « Celui qui croit en lui-même n'a pas besoin de convaincre les autres. Celui qui est heureux avec lui-même n'a pas besoin de l'approbation des autres. Celui qui s'accepte lui-même, le monde entier l'acceptera. »

• Valoriser les trajectoires

Inventeur de la thérapie narrative, Michael White propose de vivre et de penser autrement sa trajectoire de vie, en proposant ce qu'il appelle des « récits alternatifs ». En effet, la manière dont les jeunes pensent leur histoire est surtout l'expression de la réalité que leur renvoie la société. C'est une manière de se réapproprier son existence et son avenir. L'individu se débarrasse alors de l'histoire que la société lui impose, et se construit à travers sa propre expérience de vie, donnant ainsi un vrai sens à son existence.

• Reconnaître

Reconnaître l'élève comme un sujet à part entière, ou, pour reprendre Paul Ricœur dans Soi-même comme un autre, *reconnaître l'élève comme une personne, dans sa dignité, est un acte fondateur pour son estime personnelle.*

Chapitre V

Exploser le label « cas social »

Vous a-t-on déjà traité de « cassos » ? « Cassos » est la contraction de « cas social », autrement dit un loser, un paumé, une personne perçue comme marginale ou considérée comme inadaptée aux normes de la société. Moi oui, et plus d'une fois. Mais vous savez quoi ? Cela m'a appris à prendre mes élèves pour ce qu'ils sont. À ne pas préjuger de ce qu'ils deviendront. Avoir été considéré comme « cassos », soit ça vous abîme, soit ça vous rend plus tolérant. Et surtout, le fait d'avoir existé dans les marges, là où personne ne veut de nous, nous rend plus puissant que ceux qui se sont toujours sentis à leur place. Et puis, entre nous, ne sommes-nous pas tous le « cassos » de quelqu'un ?

Personnellement, je suis progressivement passée du label « cas social » à la reconnaissance internationale. J'ai d'ailleurs pensé à appeler ce livre *De la DDASS à Las Vegas*, comme me l'a suggéré le grand économiste Jean-Hervé Lorenzi. C'est en effet à Las Vegas que je devais aller chercher mon prix du top 100 des leaders en éducation organisé par le Global Forum for Education and Learning (GFEL). Las Vegas ! Impressionnant pour une petite provinciale. Mais un peu trop bling-bling pour un livre qui parle d'éducation et du parcours d'une enfant placée.

Pourtant, toute ma vie est l'histoire de cette ascension. J'ai refusé cette case dans laquelle on m'enfermait : « cas social », « la Noire », « celle de la DDASS »... Pour moi, il était évident que mon identité ne se résumait pas à mon statut d'orpheline, encore moins à ma couleur de peau. Martin Luther King l'avait si bien dit : « Ce qui compte, chez un homme, ce n'est pas la couleur de sa peau ou la texture de sa chevelure, mais la texture et la qualité de son âme. » Faut-il être noir et rejeté pour comprendre l'absurdité de leurs préjugés ?

Ces étiquettes étaient autant de barrières dressées autour de moi, destinées à me contenir dans une case préfabriquée. Notre société n'est qu'un théâtre qui nous assigne un rôle. Mais je ne veux pas être une tragédienne, ni la bonne de la jeune première, moi ! À la limite, je veux bien être un clown. Mais attention, pas le genre de clown que l'on croise à l'aube, le maquillage dégoulinant, dans les couloirs du métro ! Non, un clown classe, un clown Chanel, un clown qui envoie du rêve.

Un clown qui sort de sa manche un morceau d'horizon pour chaque gamin. Les gens oublient que les rôles peuvent changer, que les cartes peuvent être rebattues. J'ai refusé ces étiquettes. Refusé de rester dans cette case où tout semblait prédictible et limité. Ce combat pour sortir des marges, c'est le film de ma vie, et c'est aussi celui que je veux transmettre à mes élèves.

Toute ma vie, on a tenté de m'imposer des limites. C'était mal me connaître. On m'a classée avant même que je sache lire. Il paraît que certains naissent sous une bonne étoile ; moi j'étais née sous un lampadaire en panne. La bougie « qu'on a oublié d'éteindre dans une chambre vide » dont parle Oxmo Puccino, c'était moi. Mais je ne suis pas du genre à rester dans l'ombre.

Il y avait les regards, et il y avait les statistiques : seuls 13 % des enfants placés obtiennent un diplôme du secondaire, et seulement 2 % accèdent à des études supérieures. Y parvenir n'était pas un défi, c'était une montagne de doutes à gravir. Il ne fallait surtout pas regarder en bas, c'était le vertige assuré !

Ce chiffre de 2 % met en lumière l'ampleur du défi auquel j'étais confrontée. La société porte sur les enfants placés un regard empreint de scepticisme, renforçant des barrières systémiques déjà difficiles à surmonter. Pour beaucoup, les enfants de la DDASS semblent condamnés à reproduire les mêmes schémas d'échec que leurs parents, victimes d'une marginalisation institutionnelle et sociale. On étouffe leur avenir par notre fatalisme.

Pour commencer mon ascension, j'ai tenté de passer le brevet. Comble de la prétention ! Il aurait pu marquer une étape glorieuse dans mon parcours scolaire, mais ce fut une déconvenue. J'ai échoué. Ce fut un choc pour moi. Cet examen, que beaucoup franchissent sans encombre, s'est dressé devant moi comme un mur infranchissable. Pourtant, au lieu de baisser les bras, j'ai crié au destin : « Tu penses m'arrêter là ? Attends un peu ! »

Mais alors que je digérais cette première « gifle académique », le conseil de classe vint en rajouter une couche en proposant mon orientation vers un lycée professionnel, en CAP-BEP. Ah, le verdict du conseil de classe ! Ce moment où un groupe d'adultes, sans doute bien intentionnés – je le leur accorde – se transforme en oracle pour décider du destin de jeunes encore en construction. Leur logique était implacable : une élève moyenne, issue de la DDASS et, pour couronner le tout, noire ? Être orientée vers un CAP-BEP, c'était déjà inespéré. Leurs attentes semblaient correspondre davantage à mes origines qu'à mes capacités. Et ce phénomène existe encore, de manière plus ou moins visible, plus ou moins assumée. Parfois ce sont les enfants et leur famille eux-mêmes qui se stigmatisent, considérant qu'une voie prestigieuse n'est pas pour eux. Pour ma maman, il n'y avait rien à redire : les professeurs avaient forcément raison. Les contester ? Un crime de lèse-majesté. Ainsi, leur décision ne fit pas débat. J'ai vécu cet épisode comme une humiliation cuisante.

Et pour bien leur montrer que je ne comptais pas en rester là, j'ai obtenu mon CAP ESAC et mon BEP CAS (communication administrative et secrétariat) avec brio ! Certains ont dû rire sous cape, mais moi j'ai vécu ma réussite au CAP-BEP comme une véritable victoire. À ce stade, je respectais les statistiques en intégrant un cursus dévalorisé. Aucun métier n'est moins noble qu'un autre, mais il faut bien admettre que c'est toujours dans ces filières que l'on envoie les rebuts de la reproduction sociale. Beaucoup considéraient donc, sans m'en empêcher pourtant, que je m'engouffrais dans une impasse.

Mais avec un excellent 19 de moyenne, j'ai commencé à entrevoir un nouvel horizon. J'ai décidé que je ne souffrirai plus aucune limite. Ces regards condescendants, ce fatalisme mou, je les éradiquerai méthodiquement, étape par étape. Non, je n'étais pas née cassos, et je finirai encore moins cassos. Je me suis donc inscrite en candidat libre au brevet des collèges pendant la première année en lycée professionnel, déterminée à conquérir le monde. Pas de cours particulier, ni aucun soutien : juste moi, une pile de livres scolaires, et cette petite voix intérieure qui me répétait : « Tu peux le faire. » Il ne s'agissait pas de satisfaire mes parents ni de me conformer mécaniquement au système scolaire ; je sentais pousser en moi la rage de l'ambition. Une revanche non violente, mais superbe : l'explosion du label « cas social ».

Ma soif de revanche ne se percevait pas derrière mon visage de jeune fille studieuse. Je passais mes soirées à réviser les maths avec des biscuits pour carburant. Mais il y avait en moi bien autre chose que cette image d'Épinal : ces soirées de révisions étaient mon champ de bataille, où je conquérais, armée de fiches bristol et de surligneurs fluorescents, ma destinée. Chaque page tournée était un pas de plus vers mon but.

Et la récompense est arrivée : j'ai décroché ce brevet avec des notes plus que respectables. Je me souviens encore du sourire de ma maman en découvrant mes résultats. Si quelqu'un avait organisé une parade ce jour-là, elle aurait volontiers pris la tête du cortège ! Mais ce n'était qu'un début. Forte de cette victoire, j'ai poursuivi mon parcours avec détermination.

Je commençais à comprendre que l'échec ne définissait pas ma valeur. À chaque nouvelle note, une voix semblait me murmurer : « Tu es capable de grandes choses. » L'idée qu'il pouvait y avoir en moi un potentiel insoupçonné était savoureuse. Je décidai de me fixer un nouvel objectif : obtenir un bac G3, l'équivalent alors du bac STMG. Je devais au préalable passer par une première d'adaptation. À ce moment-là, pour les autres, ce fut un peu comme au « Jeu des 1 000 euros » à la radio : j'avais suffisamment gagné, la chance m'avait assez souri : il était temps de profiter. « Pourquoi ne pas t'arrêter là ? Tu as déjà de bons diplômes. » Mais moi, je voulais plus. Pas pour prouver quelque chose aux autres, mais pour moi-même. Le bac représentait un symbole, le défi ultime.

Cependant, il faut bien le dire, je luttais contre la puissance de l'effet Golem. L'effet Golem, c'est une prophétie autoréalisatrice : quand la personne que vous avez en face de vous ne croit pas en vous, cela va vous influencer de manière négative et vous fragiliser. C'est l'inverse de l'effet Pygmalion : croire en quelqu'un l'amène à croire en lui-même et lui permet de se surpasser.

J'ai moi-même longtemps lutté contre l'autocensure. Combien d'opportunités me sont passées sous le nez parce que je ne me sentais pas assez bonne, pas assez légitime, pas assez prête ? Combien de fois ai-je reculé alors qu'au fond de moi je savais que j'étais capable ? Pendant que nous, les femmes, étions élevées à douter de nous, à questionner sans cesse notre droit d'être là, les hommes, eux – surtout ceux issus de milieux favorisés –, grandissaient dans l'idée que l'espace public leur était acquis. Qu'il leur suffisait d'avancer pour que la place se fasse.

Encore aujourd'hui, quand je dois monter sur scène entourée d'hommes, j'ai les mains moites, la gorge serrée, je tremble. C'est pour moi si improbable d'être là, parmi les grands, moi qui me sens souvent si petite. Il m'arrive même de ressentir cette vieille peur enfantine d'être ridiculisée, d'être mise en échec publiquement. Mais j'ai appris à ne pas le montrer. À sourire, à respirer lentement, à faire comme si je n'avais jamais douté. C'est ma façon à moi de résister.

C'est cette force intérieure que j'essaie de transmettre à mes élèves, à mes étudiantes : leur interdire, doucement mais fermement, de s'autostigmatiser ; leur rappeler qu'elles n'ont pas à attendre d'être parfaites pour agir. Car même si les jeunes filles d'aujourd'hui sont bien plus ambitieuses que celles de ma génération, je vois encore, dans leurs regards, des restes d'autocensure. Elles hésitent. Elles s'interdisent de rêver trop grand. Elles pensent encore, parfois, qu'elles ne sont pas à la hauteur. Mon rôle, c'est de leur dire que l'ambition n'est pas un défaut. Que leur place n'est pas à conquérir : elle leur appartient déjà. Et qu'elles n'ont pas besoin de permission pour devenir exactement ce qu'elles désirent être.

Il y a une trentaine d'années, une de mes élèves, pleine de rêves et d'espoir, voulait devenir esthéticienne. C'était son ambition, son projet de vie, presque une vocation. Mais très vite, elle a dû affronter une contrainte imprévue : celle du rejet. Quand on attend de quelqu'un qu'il ne puisse fournir que le minimum, il y a des risques qu'il se conforme à cette attente. L'effet Golem, c'est cette prophétie cruelle qui guette ceux qui subissent les préjugés. La menace de devenir tel que l'on vous voit.

J'ai accepté d'être marraine de plusieurs associations dont la finalité est de valoriser les métiers peu féminisés et d'encourager les jeunes filles à s'autoriser à les exercer, comme les filières techniques et scientifiques. J'ai intégré le groupe femmes du Medef pour développer l'entraide féminine, la sororité. C'est vrai que les droits ont progressé en France – dans le reste du monde, c'est loin d'être le cas –, mais qu'en est-il dans les faits ? Nous restons toujours en position subalterne. Selon Oxfam, 42 % des femmes estiment qu'elles ne peuvent avoir un emploi rémunéré en raison de la charge trop importante du travail de soin dont elles ont la charge au sein du foyer. Concernant les écarts de salaires, les salariées femmes françaises gagnent en moyenne 22,2 % de moins que les salariés hommes français. Et il y a toujours toutes ces injonctions que nous subissons, nous, les femmes, avec lesquelles les hommes n'ont pas de problèmes.

Le jour des résultats du bac est arrivé. J'étais pétrifiée d'angoisse. Je n'étais pas au Creusot pour scruter les listes des victorieux. Mais ma maman, elle, y était. En revenant de chez ma sœur, elle était passée par le lycée voir si les résultats avaient été affichés ; moi, j'étais à la maison. Et quand elle est rentrée, son sourire a précédé ces mots si précieux pour moi : « Tu l'as eu. » Ce fut une victoire à retardement, teintée d'une pointe de regret. J'aurais aimé être là, poser mon doigt sur mon nom, savourer la preuve tangible de mon ascension. Mais, dans les yeux de ma maman, il y avait tout. Ce n'était pas qu'un diplôme, c'était une réhabilitation. Elle rayonnait d'orgueil. J'étais la seule de ses enfants à avoir décroché le bac et, qui plus est, avec d'excellentes notes. Finalement, ma scolarité voulait dire quelque chose pour elle. Ce jour-là, je suis devenue son héroïne et, croyez-moi, c'est un rôle qui n'a pas de prix.

Je l'avoue, j'ai eu peur qu'elle aussi soit pétrie de préjugés à l'égard des enfants de la DDASS. C'était mal la connaître : elle n'en a eu aucun à mon égard. Cependant, elle était imprégnée d'idées préconçues propres à l'époque. En classe de première, j'ai rencontré Thierry, mon premier mari. Si d'une certaine manière j'ai aimé cet homme qui m'a tant apporté, c'est ma maman, fervente gardienne des traditions et des convenances, qui m'avait subtilement poussée dans la direction du mariage. Elle avait l'habitude de me rappeler que, chez elle, « il n'y avait pas de lanterne rouge », une allusion directe aux maisons closes... C'est donc en partie pour lui faire plaisir que j'ai accepté de me fiancer l'année de mon bac. Maman voyait dans l'approbation des parents de Thierry une opportunité : elle me disait souvent qu'être acceptée par une famille blanche était une « chance » pour une jeune femme comme moi. Propos révélateurs de stigmates des préjugés raciaux encore présents dans notre société.

Une fois le bac obtenu, toujours pas question de m'arrêter en si bon chemin : je me suis inscrite en BTS. J'aurais pu entrer en classe préparatoire HEC au lycée Carnot de Dijon : à ma grande surprise, j'avais été acceptée dans cette prestigieuse formation. Mais, face à cette opportunité en or, il faut croire que la puissance de l'autostigmatisation a été la plus forte. Finalement, les stéréotypes à mon égard étaient aussi ancrés en moi et j'ai préféré intégrer un BTS « Force de vente » à Chalon-sur-Saône, plutôt que de dompter ce syndrome de l'imposteur qui martelait en moi : « Tu n'es pas faite pour HEC. Tu n'y arriveras jamais. »

Avec le recul, je sais que j'avais tout ce qu'il fallait pour réussir en prépa. Mais à l'époque, je manquais de confiance. Et ce manque de confiance, je le retrouve aujourd'hui chez tant de jeunes que j'accompagne. C'est pourquoi je suis engagée dans des initiatives d'égalité des chances comme les « Entretiens de l'excellence », qui permettent aux élèves de lycées populaires de rencontrer des professionnels de différents secteurs. Je veux leur montrer que rien n'est impossible, que leur parcours n'est pas tracé à l'avance et qu'ils ont toutes les clés en main pour ouvrir les portes de leur avenir.

En BTS, je me sentais enfin à ma place. Bonne élève, athlète retrouvée, je me forgeais un équilibre entre études et passion. J'apprenais à respirer, à embrasser le tumulte des soirées étudiantes, ce cocktail d'alcool et d'insouciance, tout en gardant le cap. Mais plus que tout, cette année fut marquée par un défi complètement fou : organiser un événement qui laisserait une empreinte. Un grand show de mode accompagné d'un concert du groupe Zouk Machine, alors au sommet de sa popularité avec leur tube « Maldòn' ». L'idée était audacieuse, presque irraisonnable. Pour y parvenir, j'ai déployé une énergie colossale. J'ai frappé aux portes des magasins, convaincu des sponsors, obtenu que le maire, Dominique Perben, nous ouvre gratuitement la salle municipale. Je n'avais pas ce que les sociologues appellent le « capital social » : je ne connaissais personne, je n'avais pas de réseau. Étrangement, ce dénuement social a été un moteur. Chaque boutique était introduite par un film, chaque mannequin illuminé par les projecteurs. Un animateur de NRJ électrisait la foule. Et le public a suivi. J'ai tout organisé de bout en bout ; toute ma famille avait fait le déplacement. J'ai défilé aussi ce soir-là ! Et le succès a été retentissant.

Mais le prix à payer fut lourd. Stress intense, nuits trop courtes, une crise d'appendicite comme rappel brutal des limites du corps. Pourtant, pas question de fléchir.

Après ce succès, ma vie a pris un nouveau tournant. J'ai dû arrêter de suivre le BTS en présentiel au lycée en octobre pour le continuer par correspondance. En parallèle, je travaillais chez McDonald's pour subvenir à mes besoins et financer mes études car je ne voulais pas dépendre de Thierry, par fierté. Et il me tenait à cœur de réussir car la DDASS m'avait versé une dotation pour mes études en reconnaissance de mon parcours scolaire. Cette autonomie financière était essentielle pour moi, une manière de m'affirmer et de tracer ma propre voie.

Après avoir obtenu mon BTS, j'ai été embauchée directement en tant que prof contractuelle de la mission générale d'insertion (MGI, l'ancêtre de la MLDS). Le directeur du centre d'information et d'orientation (CIO) qui m'a embauchée était en admiration devant tout le travail que j'avais effectué lors de mon défilé de mode, et il m'a dit qu'au vu de tous les sponsors que j'avais trouvés seule, je serai à même de trouver des entreprises pour les jeunes en difficultés. C'est ainsi que je suis entrée au sein de l'Éducation nationale le 4 janvier 1993, afin de devenir professeure-coordinatrice d'un cycle d'insertion professionnelle par alternance (Cippa), où je m'occupais de jeunes en difficultés qui alternaient entre des périodes de remise à niveau au collège et des périodes en entreprise.

Mais j'avais encore soif de connaissances, de diplômes. J'ai donc décidé, quelques années plus tard, de poursuivre mes études avec une licence en sciences de l'éducation. Cette décision était ambitieuse, car entrer à l'université n'était pas à la portée de tous. Les places étaient limitées à trente pour les étudiants venant d'un BTS, et il fallait passer un concours d'entrée des plus exigeants : une épreuve de philosophie de quatre heures. L'objectif était clair : démontrer notre capacité à écrire, à réfléchir et à structurer nos idées, compétences indispensables pour une discipline qui mariait philosophie, psychologie et sciences de l'apprentissage.

Cette épreuve fut un véritable test de résilience. Je me souviens encore des heures passées à préparer cet examen avec un mélange d'excitation et d'angoisse. Réussir signifiait beaucoup plus qu'une admission à l'université : c'était entrevoir un avenir tout autre, une carrière dans un domaine qui me passionnait déjà, et une profession « respectable ».

En parallèle, tout en m'investissant pleinement dans mes études, je poursuivais mon travail d'enseignante. Les cours à l'université se tenaient principalement le mardi et le mercredi, et le reste du temps était consacré à mes classes. Cette organisation serrée n'aurait été possible sans ce feu intérieur que rien ne semblait pouvoir éteindre. Le soir, une autre réalité prenait forme : j'attendais un enfant. Une grossesse bouleverse toujours la vie d'une femme, mais pour moi elle a été une source inattendue de force et de détermination. Sentir Lucas bouger en moi n'était pas une faiblesse, mais une raison supplémentaire de me battre. Chaque soir, en sentant mon fils bouger, je me promettais de lui offrir un avenir meilleur. Rien de plus acharné qu'une mère qui se bat pour ses rêves tout en ouvrant la voie à ses enfants.

Ne pouvant assister à tous les cours à cause de mon travail et de ma grossesse éprouvante, j'ai passé une première série d'examens en juin et l'autre partie à la session de septembre, ce qui me laissa le temps de me préparer pendant les deux mois de vacances. Et j'ai obtenu ma licence.

Et puis, le 18 octobre 1997, jour de la saint Lucas, le bébé a tenté de précipiter les événements. Avec trois mois d'avance, il voulait pointer le bout de son nez. Cette précipitation m'a clouée une semaine à l'hôpital, puis condamnée à l'immobilité jusqu'à la fin de ma grossesse. Et, suprême ironie, lorsque l'heure fut venue, plus rien. Le temps, soudain, s'étirait, se moquait de nous. Il fallut un déclenchement pour que Lucas consente enfin à entrer en scène. Lorsqu'il poussa son premier cri, en 1998, j'ai su que tout ce que j'avais traversé en valait la peine. C'était un accomplissement multiple. J'étais devenue mère et, dans le même élan, diplômée. Ce couronnement a marqué un tournant dans ma vie. Deux naissances, en somme. Pupille de la Nation, j'avais tracé ma propre lignée. Lucas incarnait l'avenir, et ma licence, la promesse d'un monde plus vaste à lui offrir. Ce chapitre m'a enseigné que la vie n'épargne personne, mais qu'elle récompense ceux qui se battent avec acharnement.

Déterminée à avancer encore et toujours, j'ai préparé le Capes en coordination pédagogique et ingénierie de formation (CPIF). Et je l'ai raté. Si, pour certains, il est anecdotique d'échouer à un concours, pour moi, ce fut un drame : je me souviendrai toujours de cet échec à l'oral, à Limoges, avec une moyenne de 13,27 sur 20. Il faut dire que je ne vis jamais rien à moitié. Cet échec m'a dévastée, au point de tout remettre en question. Pourquoi mes amies avaient-elles réussi, et pas moi ?

J'ai pleuré des nuits entières. Je me sentais démunie face à cet obstacle qui semblait insurmontable. Mais, au lieu de me résigner, j'ai transformé cette douleur en moteur pour mieux rebondir.

Pourquoi fallait-il que je réussisse absolument le Capes ? Était-ce pour me rassurer ? Était-ce pour la sécurité de l'emploi ? Était-ce parce que, là d'où je viens, être prof est prestigieux ? Je ne le crois pas. J'avais avant tout besoin de conjurer le sort, d'être un exemple, et d'enseigner aux autres que tout est possible.

L'année où j'ai finalement décroché le Capes a été l'une des plus difficiles et des plus significatives de ma vie. Ma fille Prescille, qui porte mon deuxième prénom, venait de naître, et elle avait seulement trois mois lorsque je me suis présentée à l'oral, pendant la fameuse canicule de 2003. Désiré était resté à Dijon avec Lucas, et j'ai pris la route dans ma New Beetle – symbole de renouveau. Accompagnée d'une amie, Chimène, j'ai bravé la chaleur écrasante du mois de juin, Prescille bien installée dans son siège bébé.

La veille de l'examen, nous avons dormi dans un hôtel du centre-ville, à deux pas du lycée où allait se jouer une part de mon destin. Entre veille et combat, je révisais d'une main et j'allaitais de l'autre. Entre deux théorèmes et quelques règles grammaticales, Prescille tétait avec l'application d'une élève studieuse. J'étais à la croisée des chemins : mi-candidate, mi-mère, un numéro d'équilibriste qui n'aurait toléré aucune trêve. Mais rien ne pouvait m'arrêter, pas même le défi immense de concilier mes responsabilités de jeune maman et mes ambitions professionnelles. Je me rappelle même avoir plaisanté avec mon amie en lui disant : « Si je réussis cet oral, ce sera grâce au lait maternel rempli d'adrénaline ! »

Loin d'être un poids, ma fille était ma source d'inspiration. Chaque sourire qu'elle me lançait semblait me dire : « Vas-y, maman, montre-leur ce que tu as dans le ventre ! » Et je l'ai fait. Non seulement j'ai obtenu mon Capes, mais je l'ai fait avec brio, en décrochant une moyenne de plus de 16 sur 20. Cette victoire avait une saveur particulière : celle d'une revanche sur l'échec, d'un triomphe partagé avec ma fille. C'était notre pied de nez au destin. J'ai prouvé que les étiquettes que l'on colle aux élèves en difficulté ne sont pas des fatalités. Ceux qui m'avaient orientée en CAP pensaient sans doute que mes ambitions étaient hors de portée. Je repensais avec un sourire ironique à ces « sages » du conseil de classe. Leurs pronostics se voulaient définitifs, mais ils avaient sous-estimé ma capacité à surprendre. Non seulement je ne me suis pas arrêtée là où ils m'avaient assignée, mais j'ai également prouvé que leur jugement hâtif était, disons, quelque peu erroné. Ce diplôme est devenu ma manière de leur répondre : rien n'est impossible avec de la persévérance.

Mes enfants ont toujours été mes alliés dans mes combats personnels et professionnels. Chaque fois que je les ai portés, je me suis portée moi-même vers de nouveaux sommets. Que ce soit lors de ma grossesse pour Lucas ou avec Prescille à mes côtés pendant cet épisode du Capes, ils ont été ma force motrice. Avec humour, je dis souvent : « Si mes enfants avaient une mention sur mon diplôme, ce serait "codiplômés d'honneur" ! ». Aujourd'hui, mes enfants brillent sur les bancs de l'école, parce qu'ils portent en eux cette flamme que je leur ai transmise : le goût de l'effort, l'exigence et cette intime conviction que les obstacles ne sont que des marches déguisées. Leur réussite me remplit de fierté. Mais ils ne la doivent à personne d'autre qu'à eux-mêmes. Et surtout, elle confirme une vérité essentielle : rien n'est jamais écrit à l'avance.

Cette année-là, d'ailleurs, ma vie personnelle était tout aussi tumultueuse que mon parcours professionnel. Je ne vivais plus avec le père de mon fils. Après avoir vendu la maison que nous avions achetée, nous avions divorcé. J'avais emménagé dans un petit appartement à Talant avec une vue imprenable sur le lac Kir de Dijon. Désiré, mon nouveau compagnon, était entré dans ma vie deux ans auparavant, mais nous vivions encore chacun de notre côté. Ce n'est qu'à l'approche de la naissance de Prescille que nous avons décidé de nous installer ensemble. Nous avons trouvé une maison à Dijon et y avons emménagé le 1er mars 2003.

Ce déménagement, ajouté à ma grossesse, m'a poussée à bout physiquement et émotionnellement. Je souffrais d'une pubalgie intense et, après la naissance de ma fille, un post-partum difficile m'a plongée dans une profonde dépression. Le fait de vivre pour la première fois avec Désiré, de m'approprier un nouvel espace et de voir en ma fille la petite Carine que l'on avait confiée à la DDASS m'a bouleversée. Je me retrouvais face à une douleur latente que je n'avais jamais affrontée : comment peut-on abandonner son enfant ? Je me voyais en Prescille, et cette identification m'a poussée au bord du gouffre. L'idée du suicide m'a traversé l'esprit. Puis c'est une évidence, une question de survie : je devais comprendre mes origines pour avancer, connaître ma vraie famille. J'étais devenue en même temps une mère et une enfant en manque. C'est étrange à dire, mais donner la vie à cette petite fille a creusé ce manque d'histoire familiale en moi. J'étais presque jalouse de ma fille, qui détenait un patrimoine génétique et une histoire, alors que moi je venais de nulle part. Il fallait que je connaisse celle qui m'avait enfantée, c'était devenu viscéral.

J'ai passé des heures interminables sur le Minitel, à rechercher tous les Montrésor. Au bout du fil, pour répondre à mon cœur suspendu, du silence, de l'incompréhension, parfois de l'agacement. Un jour, un monsieur de Strasbourg, très gentil, passionné de généalogie, m'a demandé si j'étais noire ou blanche. Interloquée, je lui ai répondu que j'étais noire. « Alors c'est simple, a-t-il enchaîné, les Montrésor noirs sont originaires de la Guadeloupe et portent le nom de leur ancien maître, parce qu'il y a un château de Montrésor, dans le village de Montrésor, sur la commune éponyme, en Indre-et-Loire. » Peu affectée par l'idée d'être une descendante d'esclave, j'ai été à partir de ce moment-là obsédée par la Guadeloupe, cherchant quotidiennement à joindre une personne avec laquelle je partageais un peu d'ADN. C'était un vertige, une urgence, qui a mis ma vie en suspens.

Grâce à la providence, et à une cousine qui a eu vent de ma requête, j'ai pu retrouver ma maman biologique. La cousine en question m'a appelée un matin pour me guider jusqu'à eux. Elle connaissait mes frères et sœurs, ma maman. C'était un autre monde, une autre vie qui résonnait dans le combiné. J'avais une famille, une histoire, des ancêtres. Ma maman existait. Ce manque m'avait longtemps consumée en silence, et enfin on entendait ma voix. On me donnait une identité. À ce moment, j'ai compris que l'on ne peut pas transmettre sans avoir réparé, comme on peut, nos propres blessures. Regarder ce ravin en face, prendre le risque de ne jamais pouvoir le combler et que la douleur soit plus vive encore, m'a demandé un courage que je ne soupçonnais pas.

Porter le nom de ma maman et la rencontrer, c'est ce qui m'a sauvée. Si j'étais née sous X, l'impossibilité de connaître mes racines m'aurait peut-être anéantie. Faire la connaissance de mon frère et de mes deux sœurs a également été source de joie pour moi. Mais cette rencontre avec ma famille, qui était en réalité une rencontre avec moi-même, a réveillé en moi la force de persévérer malgré les tempêtes. L'identité est plus qu'un nom, c'est aussi une mémoire, une somme de visages pour lesquels on existe, et je tenais à ce que mes enfants sachent d'où ils viennent. Ironie de l'histoire : Prescille n'a jamais éprouvé le besoin de connaître cette famille de sang. Elle se moque totalement de sa grand-mère et de ses oncles biologiques. Pour elle, sa grand-mère, c'était mamie Paulette, celle qui m'avait élevée, celle qui avait été là pour elle quand elle en avait besoin. Rien ne pouvait rivaliser avec cette grand-mère « de cœur ». Pour moi, c'était invraisemblable : j'avais tant souffert de ce vide ; voir ma fille se désintéresser totalement de mon histoire, de notre histoire, de nos racines était inconcevable. Or, pour elle, cela n'avait pas sens.

Raconter par le menu mon parcours scolaire et professionnel n'est pas seulement une façon de tisser les fils de mon histoire personnelle. C'est aussi une invitation à réfléchir à la manière dont nous percevons les autres, et surtout comment nous nous percevons nous-même. Les étiquettes sont des prisons que nous avons le pouvoir de détruire. « L'ambition déplaît quand elle est assouvie », écrivait Corneille. Ne vous y trompez pas : si l'ambition déplaît, c'est parce que vous avez l'outrecuidance de quitter votre cellule. On vous a assigné à un rôle, et vous en convoitez un autre. Mon propre parcours scolaire est une histoire de résilience que je partage souvent avec mes élèves. Je leur dis que l'échec n'est pas une fatalité, mais un détour, parfois abrupt, vers la victoire. Aux élèves qui doutent, je répète inlassablement : « Vous pouvez tout accomplir, même ce que vous croyez impossible aujourd'hui. »

Je parle souvent à mes élèves de la puissance des marges. Vivre dans les marges, c'est apprendre à survivre là où personne ne vous attend. C'est une expérience qui m'a appris à développer des stratégies, à voir des opportunités là où d'autres ne voient que des limites. À me débattre face aux discriminations et aux regards condescendants. Ceux qui ont toujours été à leur place n'ont pas dû se battre pour y rester. Mais nous, ceux des marges, avons dû apprendre à nous imposer, à créer notre place, à nous réinventer en permanence.

C'est cette force que je vois chez mes élèves. Quand ils comprennent qu'ils ne sont pas limités par leur histoire, ils deviennent capables de tout. Ils apprennent à transformer leurs blessures en force, à écrire une trajectoire unique. Mon histoire personnelle m'a enseigné une vérité fondamentale : les étiquettes que l'on nous colle ne définissent pas notre avenir. Enfant placée, j'ai souvent été réduite à un parcours tout tracé par des préjugés sociaux. Pourtant, j'ai appris à transformer ces étiquettes en défis à relever. Cette expérience m'a inspirée pour offrir à mes élèves cette même opportunité de réinvention.

Mon ascension, de « cas social » à une reconnaissance internationale, est le résultat de ce refus constant d'accepter les limites imposées. Aujourd'hui, je suis une femme *Forbes*, une autrice, une enseignante citée parmi les leaders mondiaux en éducation, chevalière de l'ordre national du Mérite, ambassadrice de solutions pour l'Afrique et dans le top 100 des femmes noires inspirantes du XXIe siècle… Mais ces accomplissements ne sont pas qu'un trophée personnel. D'ailleurs, si je m'en félicite autant, c'est plus pour défier les préjugés que pour me glorifier. Ils sont une preuve que l'on peut briser les étiquettes et réinventer sa vie. J'ai tellement cru le contraire que je veux aujourd'hui le crier à chaque jeune qui étouffe sous le poids de son stigmate. Chaque fois que je parle devant une audience internationale, que je reçois un prix ou que je publie un livre, je pense à celle que j'étais enfant : une petite fille à qui l'on avait dit que sa place était dans l'ombre. Ces moments de réussite sont aussi des messages pour tous ceux qui ont été étiquetés : vous pouvez dépasser ce que l'on attend de vous afin d'entrer dans l'ombre lumineuse.

C'est en brisant ces murs que nous pouvons ouvrir la voie à une réussite collective. Chaque élève, chaque individu, est une promesse, une possibilité. Mon histoire est celle d'un chemin que j'espère inspirant pour d'autres : un rappel que nous ne sommes jamais définis par ce que les autres pensent de nous, mais par ce que nous choisissons de devenir. En tant qu'enseignante, je me sens investie de la mission de transmettre cette capacité à dépasser les étiquettes. Chaque interaction avec mes élèves est une opportunité de leur montrer qu'ils ne sont pas figés par leur passé ou les jugements portés sur eux. C'est un message que je leur répète sans cesse : leur avenir est entre leurs mains, à condition qu'ils osent rêver plus grand et travailler pour y parvenir.

Ce n'est pas un chemin facile, mais il est possible de le tracer. J'en suis la preuve vivante. Et je veux que mes élèves comprennent que leur histoire, aussi compliquée soit-elle, peut devenir une force. Leur objectif n'est pas seulement de réussir dans la vie, mais aussi de réussir à devenir la meilleure version d'eux-mêmes.

Refuser les cases dans lesquelles on enferme parfois les élèves relève d'un choix pédagogique que j'assume. Je garde en mémoire le cas caractéristique de Léa. « Manque de discipline », « paresse », etc. Ses bulletins scolaires étaient noircis de ce type de paroles bienveillantes… Je me demande comment on peut espérer tirer le meilleur des élèves en leur martelant qu'ils ne sont bons à rien. Lors de mes premiers échanges avec elle, j'ai choisi de ne pas me laisser influencer par ces jugements. En prenant le temps d'écouter Léa, j'ai découvert une jeune fille passionnée par la photographie, un domaine dans lequel elle excellait. À lire son dossier scolaire, on ne pouvait qu'imaginer la plus décérébrée des créatures que cette terre aurait pu engendrer. Son talent n'était mentionné nulle part ! Cette passion est alors devenue un levier pour l'aider à se reconnecter avec les apprentissages. En adaptant mes cours pour inclure des projets liés à la photographie, Léa a progressivement retrouvé confiance en elle et a finalement réussi à obtenir son bac avec mention.

C'est à nous de faire le pari de l'éducabilité : tout enfant et tout être humain est éducable et peut progresser. Prendre mes élèves pour ce qu'ils sont implique de refuser de les enfermer dans des cases, mais aussi de reconnaître leur potentiel, même lorsqu'il est enfoui sous des couches de déception et de défaitisme. Chaque élève a une histoire à écrire. Encore faut-il leur en donner les moyens. En tant qu'enseignante, mon parcours personnel a joué un rôle essentiel dans la manière dont j'aborde mon métier. Comprendre un élève, c'est bien plus que lire un dossier scolaire ou écouter les rumeurs qui circulent à son sujet. C'est plonger dans son univers, découvrir ses forces cachées et voir au-delà de ses échecs. Ce regard renouvelé transforme non seulement l'élève, mais aussi l'enseignant.

Un autre exemple me revient à l'esprit, celui de Luc. Il est arrivé dans ma classe avec un comportement souvent perçu comme « à problèmes ». Plutôt que de le sanctionner systématiquement, j'ai décidé de comprendre ce qui se cachait derrière ses provocations. J'ai appris qu'il vivait dans un contexte familial instable, ce qui l'avait conduit à adopter une posture de défense constante. En collaborant avec l'équipe éducative et en proposant des activités où Luc pouvait exprimer ses émotions, comme des cours de confiance en soi, il a commencé à s'ouvrir et à améliorer son comportement en classe. Luc a fini par devenir un leader inspirant pour ses camarades.

Une des clés pour libérer le potentiel des élèves réside en effet dans les attentes positives que nous avons à leur égard. Ils sentent lorsque l'on croit en eux, et cette confiance peut faire toute la différence. C'est le fameux « effet Pygmalion ». Bien souvent, ce sont les élèves « de bonne famille », accoutumés aux codes de l'école qui en bénéficient. Oui, l'origine, le physique ou le prénom de l'élève vont influencer les attentes des enseignants. Les prénoms sont des marqueurs sociaux et identitaires qui peuvent être un piège pour l'objectivité de l'enseignant. On aura tendance à avoir des projections moins ambitieuses pour Karim et Dylan que pour Capucine et Hippolyte. L'Observatoire des discriminations a montré en 2006 que 83 % des fils d'ouvriers portant un prénom d'origine maghrébine ont exercé la même profession que leur père, tandis que ceux qui portaient un prénom à consonance métropolitaine ont connu une ascension sociale[1]. Tous ces biais sont lourds de conséquences puisque l'effet Pygmalion est réel. Une étude du Center for American Progress[2] a révélé

1. Jean-François Amadieu, « Olivier, Gérard et Mohammed ont-ils les mêmes chances de faire carrière ? Une analyse des enquêtes emploi de l'Insee », Observatoire des discriminations, 2006.

2. Ulrich Boser, Megan Wilhelm et Robert Hanna, « The Power of the Pygmalion Effect », Center for American Progess, 2014.

que les élèves pour lesquels les enseignants avaient des attentes plus élevées avaient trois fois plus de chances d'obtenir un diplôme universitaire que des élèves pour lesquels les enseignants avaient de faibles attentes.

Ce fut le cas de Louane, une élève qui doutait de ses capacités en mathématiques. Elle avait beau essayer, passer des heures et des heures sur une fonction, en vain. Elle faisait face à un mur d'incompréhension. En la mettant en binôme avec un camarade qui excellait dans cette matière et en valorisant ses moindres progrès, j'ai pu voir Louane surmonter ses peurs. Il a fallu que je mette de côté mes idées préconçues et mes attentes à l'égard d'une élève de 20 ans. Elle a fini par obtenir une note de 15 sur 20 à l'épreuve de mathématiques du bac, une performance qu'elle n'aurait jamais imaginée possible.

Au fil des années, je me suis aperçue à quel point ce que j'apporte à mes élèves, ils me l'apportent aussi. Je les façonne autant qu'ils me façonnent. Ils me réparent autant que je les répare. Cette transformation mutuelle est ce qui donne à mon métier tout son sens. Après toutes ces heures à enseigner en dehors des sentiers battus, à intervenir alors que le destin les avait presque balayés de la circulation, c'est une évidence : en refusant les étiquettes et en valorisant les forces de chaque individu, nous pouvons créer un environnement où l'échec devient une opportunité d'apprendre et de grandir. L'horizon est vaste, et accepter le déterminisme, c'est voir le monde avec des œillères. Ces œillères, ce sont nous, enseignants, qui en affublons les élèves lorsque nous les incitons à baisser les bras, à partir dans des filières qui ne les intéressent pas, à oublier le sens même du mot « ambition ». 16, 17, même 22 ans, c'est bien trop jeune pour être condamné à un avenir maussade. Tout est possible, pour moi, comme pour eux.

Dans ce processus, nous ne transformons pas seulement des vies ; nous transformons également nos propres perspectives en tant qu'éducateurs. Ce parcours m'a aussi permis de comprendre la puissance du regard. Lorsque le regard des autres sur vous change, tout devient possible. Mais pour cela, il faut d'abord changer la façon dont vous vous regardez vous-même. C'est vrai que la tentation de la victimisation est grande. C'est vrai que cette étiquette de noir, de pauvre, vous colle à la peau et c'est profondément injuste. Mais se voir en victime ? Quelle horreur ! Pour moi, ça revient à se résigner, c'est refuser de transformer le réel. J'ai appris à me voir non pas comme une victime, mais comme une guerrière capable de tracer sa propre trajectoire.

Sauter les barrières sociales

- Désamorcer les prophéties autoréalisatrices

Selon le sociologue Robert Merton, les croyances que l'on porte sur soi ont tendance à se réaliser. Il faut donc lutter de toutes nos forces contre ces prophéties autoréalisatrices et les tendances défaitistes. C'est simple : si vous pensez que vous allez échouer, vous échouerez ! Il faut donc absolument contrer les stéréotypes dont les jeunes sont victimes.

- Miser sur l'autodétermination

La théorie de l'autodétermination, élaborée par Edward L. Deci et Richard Ryan, préconise de travailler l'autonomie et la persévérance mobilisée par un individu en lui donnant des opportunités de développer ses compétences, mais aussi en lui proposant un environnement flexible et favorable aux opportunités d'apprendre et de faire des choix.

• Inverser les stéréotypes

Soyez toujours là où l'on ne vous attend pas, et faites en sorte que les jeunes fassent de même. Ça n'est pas parce que vous êtes asiatiques que vous voulez travailler dans l'informatique ; ça n'est pas parce que vous venez des banlieues que vous aimez le rap. Déjouer les stéréotypes, c'est mettre les autres face à leurs contradictions.

Chapitre VI

Du cousu main

Pour elle, l'horreur, c'est de franchir le portail du lycée. Jeune fille passe-partout, frêle, pâle comme son étole blanche. Virginie ne parvient plus à mettre un pied dans un établissement scolaire. Certains prétendent que la phobie scolaire n'existe pas. En termes psychopathologiques, elle renverrait à une ou plusieurs de ces catégories : anxiété de séparation, phobie sociale, stress post-traumatique. Pourtant, pour avoir passé des heures à parler avec cette jeune fille, c'est bien l'école sa seule et unique source d'angoisse.

On n'écoute jamais assez les jeunes. On les croit incapables de se comprendre eux-mêmes. Si cette jeune fille se dit mortifiée par le panorama de sa cour de lycée, c'est une réalité, quelle qu'en soit la raison. Pourtant tous, sa mère, certains profs, son psychologue, l'exhortent à se faire violence. « Quand je pense aux 130 millions de filles qui ne peuvent même pas aller à l'école dans le monde, ton comportement m'écœure », lui a balancé un jour une prof de son entourage. Quand je répète qu'on ne peut pas la laisser comme ça, on me dit qu'il n'y a guère de solution. Les collègues et les professionnels du médico-social sont défaitistes. Elle n'aura aucun diplôme et c'est tant pis pour elle. Or, pour moi, le fatalisme, c'est plus un booster qu'un neutralisant.

J'ai décidé de faire du cousu main. J'aspire à être la Coco Chanel de l'éducation. Rien que ça ! Et d'ailleurs, Coco Chanel et moi avons un point commun : nous avons toutes les deux été des enfants placées.

Les deux *C* entrelacés que je porte en broche, en boucles d'oreilles, sont empruntés aux vitraux de l'église abbatiale d'Aubazine, en Corrèze, où Coco a vécu enfant. Pas étonnant que cette femme et sa marque m'inspirent autant. Je suis un peu l'ambassadrice Chanel des couloirs du lycée. Je défile au milieu des élèves et de mes collègues plus ou moins bienveillants. J'envoie les paillettes. J'éclabousse de ma joie.

Faire de la haute couture, c'est viser l'excellence en ne laissant personne sur le bord de la route. Comment faire du cousu main avec Virginie ? Comme tous les élèves que j'ai accompagnés, elle a été broyée par le système. Souvent, contrairement à ce que l'on pourrait penser, les jeunes étiquetés en « phobie scolaire » sont issus de « bonne famille », parfois enfants d'enseignants ou d'inspecteurs d'académie. C'est aussi la pression scolaire que ces jeunes ne supportent pas.

Pas de méthode miracle, il faut innover. Sortir des sentiers battus. Désobéir. Ils disent que ce n'est pas comme ça qu'on procède « normalement ». Ça tombe bien, la situation n'est pas normale. « Pour être irremplaçable, il faut être différent », disait Coco Chanel. Cette maxime fonctionne aussi en pédagogie. Vous ne pouvez pas aider, différencier, ou « étayer », pour reprendre le jargon pédagogique, sans audace. Vous devez vous imposer à vous-même de sortir des sentiers battus et de vous adapter à la situation. Cela ne me fait pas peur, je l'ai fait plus d'une fois.

À l'époque, je venais de m'acheter un monospace, considéré comme « la voiture la plus laide du monde », car je rêvais d'un troisième bébé. J'avais fait une fausse couche, je sortais d'une grossesse extra-utérine avec hémorragie interne, et, en prime, moi qui aimait les berlines, je roulais dans cette horreur…

Mais, un jour, je propose tout de même à Virginie de venir la chercher et de trouver une combine pour l'introduire dans le lycée sans qu'elle ait à croiser ni ses profs ni ses camarades.

« Madame, vous êtes sérieuse ?

— Bien sûr que je suis sérieuse, j'ai l'air d'une blague Carambar ? »

Elle rit devant la nullité de ma plaisanterie. Je suis spontanée ; parfois, je tombe à côté, c'est le jeu. Elle rit de ce genre de rire qui vous met les larmes aux yeux, parce qu'il s'impose sur un visage imbibé de tristesse. Il n'empêche qu'elle accepte. Certains collègues sont dans la confidence, d'autres surtout pas : j'ai beau vouloir aider, prendre sur mon temps libre pour soutenir la scolarité de cette jeune fille, je suis hors protocole.

Donc, chaque matin, je passe chercher Virginie avec mon affreux carrosse, en bas de son immeuble. Sa mère me lance un regard reconnaissant depuis la fenêtre du troisième étage. Elle est inquiète et lessivée. Quand je lui ai dit que sa fille avait un profil de scientifique, elle aussi a éclaté de rire. Sa réaction m'a mise en colère. Puis je me suis souvenue des attentes négatives que ma maman a parfois eues à mon égard. Elle ne me croyait pas stupide : elle croyait en la force de la fatalité. Je vais lui prouver, à cette mère, qu'elle a tort. J'en fais une question d'honneur. C'est vrai que je suis orgueilleuse. Mais ce défaut, quand je le projette sur mes élèves, devient un moteur pour une pédagogue.

Virginie monte, me lance un sourire mi-amusé par la situation, mi-intimidée : une prof ne fait pas ça ! C'est vrai : un prof doit souvent rester à sa place de prof. Mais j'ai trois atouts : avoir eu un parcours chaotique – et c'est un euphémisme –, une personnalité que rien ou presque n'effraie, et un poste qui me permet une certaine souplesse, puisque je suis justement chargée des trajectoires individuelles. Je lui demande quelles sont ses matières favorites. La science évidemment, toujours la science. Elle et moi faisons un deal : elle viendra uniquement, dans un premier temps, pour les cours de science. Elle se passionne pour le patrimoine et les variations génétiques. Heureusement, les collègues de biologie et de physique se démènent pour l'aider et la stimuler. Je leur donne quelques conseils pour apaiser Virginie : toujours la laisser s'asseoir vers la porte (comme ça, il est plus facile de s'échapper en cas de pic d'angoisse), s'adapter à son rythme, adapter les supports, être dans un rapport moins coercitif, ne jamais forcer sa participation. Lui permettre de venir à l'école uniquement par passion, cela fait partie de mon plan. On a trop laissé de côté la passion du savoir ; c'est pourtant à mon sens le seul chemin vers l'excellence.

Elle ne supporte pas de passer par l'entrée principale ? Qu'à cela ne tienne ! Quand nous arrivons, nous passons par un portail plus discret. Je rentre avec ma voiture dans l'enceinte de l'établissement et me gare devant mon bureau, et surtout pas au moment de la récréation. On ne peut guère faire plus près. Chaque fois, je la regarde du coin de l'œil et je me dis que nous sommes nous, éducateurs, dans le déni le plus total : comment ne pas nous questionner quand ce mal-être scolaire s'accroît de manière exponentielle ? Ce fléau plonge des familles dans le désarroi le plus total, et parfois même dans la précarité ! Oui, certains doivent réduire leur activité professionnelle, avoir recours à des soins non remboursés, payer des enseignants à domicile pour rattraper le retard.

Nous arrivons donc dans mon bureau dix minutes avant la récréation. Tout de suite, je baisse les stores afin de la préserver de la cohue du lycée. Elle travaille un peu avec moi, puis, une fois la récréation terminée, je l'accompagne en classe. En mode « 007 », je m'arrange pour que personne ne croise son regard anxieux. Souvent quand je vois le proviseur, je lui répète : « Cette gamine aura son bac. »

Un jour, une collègue m'a balancé avec mépris sur TikTok que ce n'était « certainement pas comme ça que j'allais aider cette pauvre gamine, qui avait sans doute d'autres soucis que d'assister à quelques cours par semaine ». Mon autodérision irrite certains collègues sur les réseaux. Ils ne supportent pas que je change les règles, que je dépoussière la profession, que je me moque de notre rôle. Je suis restée perplexe devant ce message. Nous avons échangé à propos de notre conception du métier : « Moi, m'a-t-elle écrit, je ne suis pas là pour faire de la mode, ni jouer à la maman comme vous. Vous décrédibilisez notre fonction. » J'avais la rage ! Je me sens tellement éloignée de cette enseignante-robot, qui estime ne pas avoir à s'adapter aux changements « imposés » par les élèves et leur famille. Mais les nouveaux publics d'élèves sont arrivés depuis longtemps dans les écoles. Ne pas le voir, c'est comme vivre sur une autre planète.

Qu'est-ce que j'ai été heureuse, et fière, lorsque Virginie a décroché, certes, avec un an de retard, son bac scientifique avec mention ! Qu'est-ce que j'aurais aimé que ma collègue sache qu'aujourd'hui elle est sur le point de devenir médecin ! Et ce sera un bon médecin, j'en suis sûre, parce qu'elle est humaine, et parce qu'elle a transformé sa souffrance en force.

Ce qui m'a donné envie de suivre cette jeune fille, c'est que personne ne croyait en elle. Si je n'avais pas fait le choix de parier sur son potentiel, qui l'aurait fait ? Elle n'était pas fragile de nature, elle était fragilisée par une situation intenable pour elle. C'est exactement la même chose que pour les élèves en situation de handicap : si le cadre, l'environnement, ne prend pas en compte les difficultés, il les exclut. Chaque enfant, chaque jeune possède un potentiel immense, à condition que l'environnement lui permette de l'exprimer. Comme le rappelle l'auteur Yuval Noah Harari, l'avenir appartiendra à ceux qui sauront s'adapter, innover, créer du sens dans un monde en perpétuelle mutation. Alors pourquoi confiner les jeunes esprits dans un cadre rigide ? Cultivons la curiosité naturelle et la capacité à apprendre avec plaisir ! L'éducation ne doit pas être un filtre qui sélectionne, mais un terreau fertile où chacun trouve sa place et s'épanouit. Mon travail consiste dans la recherche constante de solutions inclusives : composer avec les particularités et avec ce que les jeunes aiment avant tout ! Ce que je mets en œuvre, c'est une ingénierie de formation humaine et pédagogique. J'analyse, j'observe, je conçois des parcours personnalisés. Je construis des ponts entre les savoirs académiques et les aspirations profondes de ces jeunes. Je coordonne, j'ajuste, je collabore avec les partenaires sociaux, les psychologues, les éducateurs spécialisés, les structures d'insertion, les familles, parfois absentes, parfois en détresse. J'endosse plusieurs rôles : professeure, mentor, médiatrice, parfois même figure d'attachement. Je les suis dans la réalisation du service civique qu'ils exercent. Je recrute mon équipe de profs. Ce lien plus proche n'est ni affectif ni fusionnel. Il est éthique et exigeant. Je bricole cet environnement avec eux, on travaille les supports, des stratégies d'apprentissage personnelles, on s'appuie sur ce qui les fait vibrer pour apprendre des savoirs a priori rébarbatifs. Je me vois comme une facilitatrice.

L'enseignement, c'est de la haute couture, pas du prêt-à-porter. On ne demande pas à un grand couturier de créer une robe en série pour toutes les morphologies, mais un modèle unique qu'il adaptera ensuite à chaque client. Pourquoi l'exiger d'un enseignant ? La pédagogue Maria Montessori l'avait bien compris : « L'enfant n'est pas un vase que l'on remplit, mais une source que l'on laisse jaillir. » Thomas Edison, inventeur de l'ampoule électrique à incandescence et du phonographe, illustre très bien la nécessité de laisser le jeune apprendre « à sa manière ». À 7 ans, il est renvoyé de son école : trop agité, trop instable, brouillon, incapable de suivre un enseignement classique, il pose trop de questions, et s'attarde sur des détails qui n'intéressent personne. C'est à la maison que le petit Thomas, encouragé par sa mère, se relève : il devient un lecteur assidu, de Shakespeare comme de livres de physique expérimentale. Il se lance bientôt le défi de lire tous les ouvrages de la bibliothèque. Vous connaissez la suite. C'est bien la confiance de sa mère, et la possibilité d'apprendre à son rythme, qui ont permis à ce grand inventeur d'exister. C'est la raison pour laquelle je crois à cette attention constante qu'il faut accorder à nos élèves. Au lycée, c'est un ajustement permanent.

Mes élèves de l'université apprécient aussi mon côté hors norme, ils ne cessent d'ailleurs de me le faire remarquer. Au début, ils sont un peu étonnés : qu'est-ce que c'est que cette prof qui plaisante devant ses étudiants ? Qui est sur les réseaux sociaux ? Qui se refuse à soliloquer, perdue dans ses concepts, comme on le fait encore beaucoup dans le supérieur ? Mes étudiants s'étonnent encore plus quand je leur explique que je ne les laisserai pas quitter mon cours sans qu'ils aient tout compris ! Je ne fais pas cours pour moi, mais « avec eux ». Je garde des rapports structurants, mais humains. Ils ont mon numéro de téléphone, ils peuvent m'appeler dès qu'ils en ont besoin. J'utilise leurs mots, leurs références. L'apprentissage peut être sérieux et fun à la fois.

Ils me demandent souvent pourquoi j'ai choisi d'enseigner de cette manière, et pourquoi je suis la seule à fonctionner ainsi. C'est ma recette personnelle.

Au lycée, ou avec mes étudiants en BTS, je filme, je présente mes tenues du jour avec leur complicité sur les réseaux. Pour moi, travailler la classe et l'élégance, c'est envoyer un message fort à mes élèves : « Je vous respecte, vous êtes importants et je suis fière d'être là, devant vous, pour accomplir ma mission. » À une époque où le métier d'enseignant est dévalorisé, il me semble essentiel de lui redonner son prestige et sa valeur.

Chacun peut trouver sa manière de témoigner du respect à son auditoire, la mienne est la façon dont je me présente à eux.

Ce respect étant démontré, il est nécessaire de faire l'effort de s'adapter. Pour faire l'expérience de ces deux situations, je peux vous affirmer qu'elle est plus facile devant un groupe de dix élèves qu'un amphi tout entier, c'est évident ! Cependant, j'invite les étudiants à participer, à se manifester, à cocréer les cours avec moi afin d'éviter au maximum de laisser quelqu'un sur le bord de la route. Je me réjouis de voir se multiplier, dès la maternelle, la création de « classes flexibles ». On aménage l'espace pour que chaque élève ait la possibilité de choisir entre s'isoler ou au contraire travailler en groupe, et ainsi avance à son rythme. Mais nous avons encore beaucoup d'effort à fournir pour généraliser l'enseignement « sur mesure », dont les ingrédients sont avant tout la bienveillance, le postulat d'éducabilité et le bien-être de nos enseignants eux-mêmes !

Cette posture, devenue naturelle, elle me vient de loin. Du temps où j'étais rejetée, où l'on ne m'écoutait pas, où l'on croyait que parce que je fonctionnais un peu différemment, parce que j'étais plus lente, je n'étais bonne à rien. Elle me vient de ce prof que je regardais, enfant, avide de connaissance, d'interaction, et qui se contentait de débiter son cours sans m'accorder la moindre attention. Comme s'il prenait soin de cultiver l'ennui. On a tendance à oublier que le cœur de notre métier d'enseignant est l'humain ! Chaque élève compte ! C'est criminel que de refuser l'instruction à une partie des élèves, parce qu'ils ne correspondent pas au modèle de l'élève standard. Cela fait des siècles que des philosophes, psychologues, pédagogues, attestent de cette nécessité. Célestin Freinet écrivait que l'éducation ne peut pas être standardisée, chaque enfant est unique et mérite une approche personnalisée. Le sur-mesure, c'est aussi la reconnaissance de la singularité de chacun. Chaque élève est une étoffe rare.

Il faut du temps pour qu'une pièce de haute couture prenne forme. Il faut du fil, des retouches, des essayages, parfois des découragements, mais toujours cette vision de ce que cela pourra devenir. Il en est de même pour les élèves. Il serait facile de les ranger dans des tiroirs, de les étiqueter « inaptes » ou « irrécupérables ». Mais comme Coco, il faut savoir regarder au-delà des apparences.

S'adapter à tous les profils

• Avoir des attentes réalistes et adaptées

Un des obstacles majeurs pour les élèves issus de milieux sociaux fragilisés ou les élèves neurodivergents est la mise en place d'attentes réalistes. Parfois, les exigences scolaires ne tiennent pas compte de la diversité des profils. Il est essentiel que les enseignants définissent des objectifs d'apprentissage adaptés à chaque élève, en prenant en compte ses difficultés, ses forces et ses capacités.

• Créer un climat de respect mutuel

Pour être flexible, il faut respecter la diversité. Pour créer ce climat, il est nécessaire de sensibiliser, sans en avoir l'air et quotidiennement, à la diversité culturelle ou sociale, à la neurodiversité, parler des discriminations pour lutter contre la stigmatisation. Pour que les différences soient respectées, elles ne doivent pas être invisibilisées, mais faire partie du paysage.

- S'appuyer sur les pics de compétences

Même les élèves considérés comme irrécupérables ont leurs pics de compétences. Ces qualités n'ont peut-être rien à voir avec les attentes scolaires, mais s'appuyer dessus peut être un levier vers d'autres compétences. Les compétences relationnelles par exemple peuvent être un précieux appui pour développer des projets collectifs.

- S'aider les uns les autres

On est tous dans le même bateau, nos différences doivent faire notre force. Notre équipage sera bien plus puissant que quelques marins égarés. Donc il faut privilégier l'entraide quand un membre d'un groupe rencontre une difficulté.

Chapitre VII

Réparer les ego brisés

Le phénix est une des créatures mythologiques qui me fascinent le plus. Splendide oiseau comparable à un immense aigle, il est reconnaissable à son plumage rouge, bleu et or. Il ne peut exister qu'un seul phénix à la fois, et celui-ci ne vit jamais moins de cinq cents ans. Mais le phénix est surtout connu pour son immortalité : quand sa fin approche, le phénix tisse un nid d'aromates, comme la cannelle, et d'encens. Il y met le feu et se laisse patiemment dévorer par les flammes. On croit alors qu'il n'y a plus rien, que c'est la fin. À ce moment-là, un nouveau phénix surgit des cendres.

L'humain peut être un phénix : quand tout est détruit autour de lui et en lui, il peut trouver les capacités de renaître. Les élèves que je suis et moi sommes autant de phénix. Si je me suis relevée, c'est grâce à et par l'éducation. C'est pour cette raison que ma mission de lutte contre le décrochage scolaire me passionne.

Même si c'est souvent le système d'éducation lui-même qui a brisé mes élèves, je vois l'éducation comme un outil essentiel pour les réparer. Pour faire jaillir de l'or de cette ombre temporaire.

Le décrochage scolaire n'est qu'une éclipse dans la vie de l'élève. Il commence souvent de manière presque imperceptible : un manque d'intérêt, un regard vide, une absence qui se répète. L'élève s'éloigne non seulement de l'école, mais aussi de lui-même, se perdant dans un labyrinthe de doutes et de frustrations.

Le décrochage est multifactoriel : facteurs psychosociaux, genre, milieu social et familial, compétences scolaires, relation avec l'école. Derrière chaque histoire de décrochage, il y a une voix qui appelle à l'aide. Un cri étouffé, camouflé par des comportements rebelles ou par un silence pesant. J'ai eu des élèves dont la confiance en eux avait été érodée par les remarques humiliantes des professeurs ou des camarades, par des notes désastreuses et des familles stressées. J'ai tout vu, et chaque année je découvre de nouveaux profils : élève ascolaire, victime de viol qui ne peut pas s'exprimer, malade, anorexique, victime de harcèlement scolaire, élève en deuil, phobie scolaire, victime de violences familiales, un autre qui se drogue…

Le point commun entre tous ces profils ? La blessure profonde, à la cicatrice invisible, de ne plus croire en soi. C'est l'abandon d'un rêve, parfois à peine entrevu, un rêve de succès, de reconnaissance ou simplement d'appartenance à un groupe. Les jeunes décrocheurs sont souvent fatigués par un système qui ne parle plus leur langue.

C'est là que j'interviens : pour « réparer les ego brisés ». Mon action va au-delà de la simple transmission de connaissances. C'est avant tout un travail sur la confiance, la résilience et la reconstruction. Pour beaucoup de ces élèves, souvent fragilisés par des situations personnelles ou sociales complexes, l'école n'est plus un refuge, mais un lieu de honte, de douleur et d'échec. Mon rôle est de leur redonner un avenir.

L'ego – « moi » en latin – est la représentation que vous avez de vous-même. Si parfois certaines personnes ont des ego « surdimensionnés », je peux vous dire que celui de mes élèves est cabossé, déchiré. Comme cet élève qui m'a dit un jour : « Parce que l'institution n'a pas cru en moi, je ne crois plus en moi. » Ils ont honte d'être eux-mêmes, de leur identité, ils ne se sentent pas le droit d'exister. Je les vois pousser la porte de mon bureau, lourds de reproches absurdes, d'échecs, de notes, de malentendus qui, le croient-ils, définissent leur être.

« La tâche principale de l'esprit est de libérer l'homme de son ego », a déclaré Einstein. Mais un ego brisé ne peut se jeter en mer. Soit il reste à quai, regardant les autres prendre le large, soit il n'est que rancœur et ne réussit guère qu'à cultiver sa haine. Alors oui, j'y crois dur comme fer, notre mission en tant qu'enseignants, c'est de préserver la considération que nos élèves ont pour eux-mêmes, mais aussi de réparer leur ego, et de leur répéter : « Vous valez tout autant qu'un autre. Vous avez, vous aussi, tout pour réussir. »

Tout jeune élève qui arrive en MLDS chaque année est un jeune que la société n'a pas su considérer. Être en décrochage scolaire, c'est avoir plus de 16 ans et être sorti du système éducatif sans diplôme ou qualification de niveau 4. Dans l'Europe de la connaissance où l'on doit amener 80 % d'une classe d'âge au baccalauréat, l'école laisse malheureusement des élèves au bord du chemin. La massification de l'école ne peut pas se faire au détriment des plus fragiles. Imposer à toute une catégorie d'âge d'apprendre les mêmes contenus au même rythme est préjudiciable à certains. J'ai choisi de m'occuper de tous les laissés-pour-compte, et de les faire réussir. Je prends les élèves dans leur singularité, leur spécificité et je bâtis avec eux un parcours de formation qui est propre à chacun.

Quand ils viennent me voir en entretien, au début de l'année, je leur dis que, pour la première fois de leur vie, c'est l'école qui va s'adapter à eux et non le contraire. Je cite à nouveau Chanel, la haute couture… Je n'ai pas de meilleure métaphore pour leur faire comprendre qu'avec moi, ils auront du sur-mesure.

Le fait d'être à l'écoute et de bâtir un programme individuel de formation fait le succès de ce dispositif. Il faut que le jeune rapprivoise l'envie d'apprendre, reprenne confiance en lui pour croire de nouveau au sens de la solidarité et du lien avec les autres. Car un jeune qui décroche et qui perd le lien avec ses pairs est une alerte sociale. Un élève qui disparaît des bancs de l'école est un signe que nous n'avons pas su entendre ou voir à temps ses difficultés. Si j'osais l'analogie, je dirais que le décrochage scolaire est à l'école ce que la maladie nosocomiale est à l'hôpital. De même que ce qui devrait soigner rend finalement malade, ce qui devrait instruire et accompagner entraîne des difficultés d'apprentissage et l'isolement. Dans mon domaine, je crois pouvoir dire que j'interviens auprès des jeunes quand la « maladie » du décrochage semble avoir détruit l'espérance de la réussite scolaire. Or, c'est bien en travaillant au cœur des lieux où se jouent la santé et l'éducation qu'on peut trouver un remède, préventif et curatif. C'est en recréant du lien avec l'école et de la confiance que l'on peut aider individuellement chacun, car chaque jeune qui perd confiance en lui-même, qui échoue et se retire du système éducatif, c'est une voix de l'avenir qui s'éteint.

La rentrée des élèves en MLDS a toujours lieu la dernière semaine de septembre, car les trois premières semaines sont consacrées aux entretiens préalables afin de pouvoir prendre contact avec les jeunes qui sont sans solution. Le module de repréparation à l'examen (Morex) est destiné aux jeunes qui veulent préparer un baccalauréat général, technologique ou professionnel. À chaque rentrée, j'ai toujours une appréhension à l'idée de découvrir un nouveau groupe. Je les ai déjà tous vus en entretien individuel deux ou trois fois, mais le jour de la rentrée est un jour particulier. Je m'apprête, élégante comme à mon habitude. Je prépare toujours mes vêtements avec minutie et les beaux retours que me font les élèves depuis toutes ces années me confortent dans mes choix. Ils apprécient ma passion pour la mode. L'heure est venue de faire mon entrée en classe, je suis anxieuse, mais je me lance :

« Bonjour à tous. Vous allez bien ? Vous voilà ici sur cette ligne de départ, prêts à entamer une année qui, je vous le promets, ne ressemblera à aucune autre. Vous êtes arrivés avec vos histoires, vos échecs, vos doutes, mais laissez-moi vous dire une chose : ici on ne parle pas d'"échec", on parle de "rebond". Vous arrivez tous avec votre sac à dos rempli de cailloux sur les épaules. Pour certains le sac est plus lourd que les autres mais on va faire en sorte de l'alléger au maximum et de ne pas ajouter de cailloux.

« Avec moi, il n'y aura pas d'acharnement thérapeutique. Je ne suis pas là pour vous assommer de devoirs ni vous maintenir dans des cours sans fin. Non, ce que je veux, c'est vous voir épanouis, heureux de venir en cours. Je suis une béquille dans votre vie jusqu'au bac. On est stratégique. L'objectif, c'est le bac. C'est votre laissez-passer pour la suite.

« Alors voilà le programme : deux jours de cours par semaine, le lundi et le mardi. Et les trois autres jours vous serez volontaire en service civique. Vous contribuez à des projets de société qui comptent, qui donnent du sens. Durant ces trois jours-là, vous allez apprendre à connaître le monde, comprendre les autres, travailler en équipe à travers différentes missions qui vous seront proposées. (Restos du cœur, banque alimentaire, lien intergénérationnel…) C'est sur ce terrain-là que vous allez grandir et mûrir. Et vous toucherez une indemnité de 650 euros par mois pour ce service civique alterné. Autrement dit, avec le service civique “formation”, vous serez rémunéré pour venir en cours.

« Je ne vous demande qu'une chose : venez avec la volonté et l'envie de vous battre pour vous-mêmes. Ne soyez pas spectateurs de votre vie mais acteurs. Tout comme un sportif qui regarde la ligne d'arrivée avec l'objectif de gagner son 100 mètres, il vous faudra vous entraîner pour être un champion et passer cette ligne d'arrivée. Usain Bolt n'a pas gagné sans s'entraîner. Il a répété pendant des années ses gammes pour devenir le grand champion qu'il est, malgré toutes les blessures, tous les bobos, tous les grains de sable qui se mettent dans l'engrenage.

« Donc, pendant ces neuf mois de préparation au bac, vous serez des combattants qui savent que, pour gagner, il faut se relever encore et encore.

« Alors est-ce que vous êtes prêts à écrire votre propre histoire ? Car cette année c'est la vôtre. Je crois en vous et avec moi c'est 100 % de réussite au bac chaque année, alors vous n'allez certainement pas être ceux qui feront baisser mes stats !

« Ensemble on va prouver que rien n'est impossible ! »

Après ce discours, une nouvelle aventure commence. Je m'acharne à leur prouver qu'ils n'ont rien de moins que les autres.

Rubis est arrivée en septembre 2019, après avoir échoué deux fois au bac ES. Elle venait de perdre son père d'un cancer, et sa douleur était tangible. La honte qu'elle ressentait, non seulement à l'égard de ses amis mais aussi de sa famille, l'empêchait de croire en ses propres capacités. Pour elle comme pour tant d'autres, il fallait d'abord reconstruire l'estime de soi avant même de songer à la réussite académique. Le dispositif, avec huit élèves cette année-là, lui a permis de retrouver la confiance en elle qu'elle avait perdue. Quelques missions de soutien à ses camarades, une valorisation de ses réussites ont contribué à lui redonner confiance, à se sentir quelqu'un. Je lui ai aussi demandé de nous éclairer sur un sujet qu'elle connaissait mieux que nous, la législation pour la protection des animaux. Grâce à l'attention, à l'écoute, et à l'accompagnement bienveillant qu'on lui a offert, elle a pu se relever et obtenir son bac.

Parmi les nombreux témoignages que j'ai reçus de la part de mes élèves, certains m'ont particulièrement touchée : « C'est comme si je n'avais jamais existé. Juste une adolescente de plus qu'on doit surveiller le temps qu'elle obtienne un diplôme et c'est terminé. Un nom sur une liste, un numéro à ajouter aux statistiques de réussite » ; « Je m'étais même habituée à échouer, je prenais ça comme une fatalité alors que la roue allait tourner pour moi ». S'habituer à échouer, qu'est-ce que cela peut signifier ? Pour moi, cette formule sous-entend que l'élève intègre peu à peu qu'il est, lui, la cause de tous ses échecs, qu'il n'a malheureusement pas hérité des gênes de la réussite et que, quoi qu'il fasse, il restera sur le bord de la route. Ces jeunes – ces témoignages en attestent – ont bien compris que l'organisation Éducation nationale ne les considérait pas en tant qu'individu. Leur existence importe peu. S'ils ne sont pas utiles et conformes de manière immédiate, on les rejette ; pas de temps à perdre. Leur projet scolaire, professionnel, leur être tout entier est « invalidé ». Je considère qu'ils sont en droit de se sentir profondément trahis.

Comment le système scolaire peut-il se targuer de travailler à la réussite de tous, alors qu'il rejette quotidiennement certains sur le bas-côté ? L'individu est complètement aspiré par le système : il faut être conforme en tout point, être bon dans toutes les matières, adhérer aux pratiques et aux desiderata des enseignants. Si vous n'êtes pas scolaire, c'est toute votre individualité qui est remise en question : vous êtes nul, un point c'est tout.

Que ces jeunes se pensent sans avenir, qu'on leur ait mis cette croyance en tête et qu'on l'alimente me révolte. Je tiens à leur répéter que, moi aussi, j'ai été exposée, en tant que personne différente. Que moi non plus, on ne m'a pas, pendant ma scolarité, donné l'opportunité de montrer qui j'étais : on m'a enfermée dans une image qui n'était pas la mienne. On m'a stigmatisée comme fille de couleur, comme enfant de la DDASS, et l'on m'a interdit d'être fière, d'être moi, de me battre. J'ai été pointée du doigt, j'ai subi la lourdeur administrative de leur situation. Alors que nous sommes anonymes, nous sommes exposés dans nos moindres différences.

Je l'avoue : la lutte pour la réparation des âmes abîmées me motive mille fois plus qu'une classe « ordinaire » (même si chaque enseignant sait que ce concept n'est qu'une vue de l'esprit). Orchestrer une même cadence pour tous, assigner à tous les mêmes tâches, les mêmes objectifs, m'ennuie profondément, parce que je sais que cette manière de fonctionner n'est pas juste.

« Ceux qui vivent, ce sont ceux qui luttent », écrivait Victor Hugo. C'est devenu ma raison d'être, un défi quotidien : montrer à ces gamins qu'ils sont capables de réussir dans la vie. Ils peuvent tordre le cou au destin comme je l'ai fait. Mais ils auront besoin de soutiens, de mentors, tout au long de leur parcours. Mon rôle à moi, c'est d'affronter avec eux cette gare de triage que représente le fameux baccalauréat, l'examen qui détermine ce que l'on vous autorisera à faire ou non. Une fois que le cap « baccalauréat » est passé, mes élèves réussissent, parce qu'ils croient en eux. Réparer les ego brisés, c'est restaurer la solidarité, c'est prendre soin de l'avenir. Mais efforçons-nous d'identifier et de lutter contre ce qui brise les ego : prendre soin à l'école, c'est aussi prendre soin de chaque situation particulière, de la blessure la plus imperceptible à la difficulté de se nourrir ou de se loger. L'échec scolaire ne doit plus jamais être présenté comme la responsabilité d'un élève.

Je considère chaque élève d'égal à égal. Je ne les humilie pas, ne les punis pas : ils comprennent bien que, si je suis là, c'est pour eux. Pour eux, je suis toujours joignable. C'est essentiel pour ces jeunes qui ont été malmenés, méprisés, de manière plus ou moins consciente, de percevoir le respect et la considération chez leur enseignant. Plus que tous les autres, ces élèves sont très sensibles à ce que l'enseignant projette sur eux : si je les vois comme de potentiels vainqueurs, ils en viendront, petit à petit, à se considérer eux-mêmes de cette manière.

C'est aussi un travail de longue haleine que de réparer ces identités humiliées. La nécessité de les encourager, de les féliciter, est quotidienne. Une fois ne suffit pas, les blessures sont profondes. Il faut être positif, leur interdire de se considérer comme « des merdes » chaque matin, chaque jour. Je leur rappelle que nous avançons étape par étape : croire en soi est un défi, peut-être même une illusion. Mon propre ego est-il réparé ? Grande question. L'écriture de ce livre elle-même est une exhumation de ma souffrance. Les blessures laissent encore couler quelques larmes, mais l'essentiel, c'est de se mettre en mouvement, et de se répéter, inlassablement, « je peux le faire ».

Valoriser

• Commencer l'année par des bonnes notes

Pourquoi commencer l'année par des bonnes notes ? Tout simplement à cause de l'effet Pygmalion, évoqué précédemment : aidez-les à croire en eux ! De toute façon, les notes ne sont jamais représentatives à 100 % des compétences des élèves. Et nous ne sommes pas là pour les jauger en permanence, mais bien pour les faire progresser ! Cette astuce est l'une de mes stratégies pour y parvenir.

• Mettre en valeur son propre travail

Je ne fais pas du social, je fais de l'art. Je valorise ma mission, pour les valoriser eux. Quand je leur dis « Attention, nous, on fait de la haute couture », je leur mets des paillettes plein les yeux et ils suivent. Une illusion ? Mais quel prestige n'est pas une illusion ?

• Valoriser plus, toujours plus

« Amazing », « really good ». Vous entendrez sans cesse cela si vous avez la curiosité de visiter un établissement scolaire aux États-Unis. Ne nous étonnons pas si aujourd'hui nos jeunes osent moins entreprendre que leurs homologues d'outre-Atlantique ! On ne les valorise jamais trop. Il faut leur marteler qu'ils ont de la valeur, qu'ils ont leur place. Mes élèves ont souvent été dévalorisés. Leurs compétences ont été anesthésiées par le dénigrement, il faut en faire toujours plus, pour qu'ils y croient.

• Rehausser les détails : révéler ce qui semble invisible

Un bon styliste sait que la classe réside souvent dans un détail subtil. De la même façon, valoriser, c'est savoir extraire le nectar, la substance invisible, le nec plus ultra de ce qu'ils ont à donner. Il ne faut pas penser qu'aux objectifs dictés par les institutions : laissons-les nous surprendre et montrer ces talents que personne n'avait remarqués jusqu'ici.

• Célébrer les progrès

Pas uniquement les résultats. « Tu as réussi à te lever », « Tu as réussi à faire tes devoirs » : pour atteindre le but, il faut célébrer chaque étape. Nos jeunes en ont viscéralement besoin : la vie les a blessés, déçus ; soutenons-les.

• Miser sur la dignité

Leur dire, se dire : tu es digne. Digne d'être là, digne de ma confiance. Valoriser commence par cette affirmation simple, mais puissante. Chacun est digne d'être écouté, digne d'être considéré, digne d'apprendre et de réussir. Le dire à l'autre – et se le redire à soi –, c'est poser les fondations d'un lien éducatif solide. Car on ne crée rien de durable à partir de la pitié et de l'indifférence : il faut la reconnaissance pleine et entière de l'humanité de chacun.

• Créer une collection unique : encourager la diversité

Un grand couturier ne crée pas cent fois la même robe. Il explore, il innove, il célèbre la différence. Valoriser, c'est refuser l'uniformisation et cultiver les singularités comme des pièces rares et précieuses.

Chapitre VIII

Quand les femmes avancent, le monde avance

Les jeunes filles ont besoin de figures inspirantes, pas de poupées Barbie ou de contes comme *Cendrillon*. Il faut leur montrer de vraies femmes, brillantes, audacieuses, qui n'ont pas froid aux yeux. J'ai manqué de ce genre de modèle étant enfant. Sans pouvoir le formuler, je ressentais une forme de frustration face aux perspectives que mon genre m'offrait. Je n'avais pas le droit aux posters dans ma chambre, mais j'avais réussi à coller à l'intérieur de la porte de mon armoire une petite affiche du seul héros que j'avais à l'époque : Carl Lewis. Je n'étais fan de personne, à part de Carl Lewis. Oui, c'était un homme. Mais il était noir et champion olympique en athlétisme sur 100 et 200 mètres !

Évidemment, certaines figurent émergeaient. Anne Sinclair, Christine Ockrent, ces journalistes m'ont fait rêver dans ma jeunesse. J'étais pétrie d'admiration pour ces femmes qui refusaient de céder la place aux hommes. Qui s'imposaient sans minauder. Qui assumaient d'être puissantes et intelligentes. Il en fallait, du courage, dans une société où, plus encore qu'aujourd'hui, la parole des femmes était raillée et dévalorisée.

Ma professeure de grec m'a aussi inspirée : elle était belle, brillante et libre. Je m'identifiais à elle. Elle était très classe, mais surtout passionnée par ce qu'elle enseignait. Pour certains, les cours de grec entre midi et deux étaient une corvée ; pour moi, c'était un régal. J'étais fascinée par cette assurance féminine qui s'ancrait dans un savoir. À tel point que j'ai adopté à vie son parfum.

Ma maman aussi est un modèle pour moi : femme de poigne, battante, autoritaire… Rien ne lui résistait, et quand elle décidait quelque chose elle s'y tenait. Je suis de ses enfants celle de laquelle elle était la plus proche car on partageait la même vision de la vie, de l'éducation. Elle admirait la femme que j'étais devenue. Elle parlait de moi à tout le monde en disant : « C'est une petite que j'ai élevée. » Je ne suis pas sa fille biologique, mais tout ce qui lui est arrivé m'arrive à moi aussi. Sur le plan de la santé, elle s'est fait opérer neuf fois : j'en suis à sept opérations, pour les mêmes pathologies. C'est une femme qui s'est battue toute sa vie, que je voyais pleurer tous les dimanches soir quand mon père prenait son train pour rejoindre son lieu de travail. Parfois, il était absent deux, trois semaines. Elle gérait et faisait en sorte que le vendredi soir, quand mon père revenait, il n'ait rien d'autre à faire que se reposer. J'ai eu une éducation très stricte avec une mère très autoritaire, qui ne parlait plus aux gens qui n'étaient pas de son avis. J'ai donc appris à dire aux autres ce qu'ils ont envie d'entendre et à m'adapter aux personnes que j'ai en face de moi.

Des femmes brillantes et audacieuses, il y en a eu pléthore, et il y en a encore. Malheureusement, elles ont été invisibilisées dans les récits nationaux. Je fais souvent référence à Olympe de Gouges, qui, avant de s'engager pour la cause des femmes, a écrit une pièce de théâtre pour défendre l'égalité entre les Noirs et les Blancs, *Zamore et Mirza ou l'Esclavage des Noirs*, puis publié *Réflexions sur les hommes nègres* et fréquenté la société des amis des Noirs. C'est elle qui, en 1791, en réaction à la Déclaration des droits de l'homme, écrit celle des droits des femmes : « La femme naît libre et demeure égale en droits à l'homme. » Cette femme s'est battue contre les discriminations subies par les femmes et les Noirs toute sa vie, avant de devenir – grand symbole – la deuxième femme à être guillotinée, en 1793. Après Marie-Antoinette.

En tant qu'enseignante, comment ne pas être sensible au courage de Barbara Henry, l'enseignante de la petite Ruby Bridges ? Ruby Bridges, rappelez-vous, fut la première élève noire à intégrer une école primaire pour enfants blancs, en 1960, à La Nouvelle-Orléans. Personne ne voulait d'elle. La petite fille a franchi les murs de l'école, entourée de deux US Marshals. Barbara Henry, jeune enseignante venue de Boston, a refusé de participer à ce boycott et a décidé de faire classe à la petite fille, même si le prix à payer était l'isolement. La petite Ruby ne pouvait ni manger ni jouer avec ses semblables, jusqu'à ce que son enseignante obtienne gain de cause. Nous devrions tous, en tant qu'enseignants, être aussi empathiques et engagés.

En politique, j'admire Christiane Taubira, que je pourrais écouter parler pendant des heures. Il y a chez elle cette force tranquille, cette intelligence du monde, cette capacité exceptionnelle à parler de tout – d'économie, de poésie, de lutte – avec une rare profondeur. Elle me parle. Avant d'être figure politique, elle a été professeure d'économie. Elle a aussi écrit des livres, composé des chansons. Cette pluralité de passions, ce chemin qui ne se laisse enfermer dans aucune case, me touche profondément et me rappelle mon propre parcours. Parce que je sais combien il est difficile, pour une femme, de s'autoriser à être plusieurs choses à la fois. Sa culture immense, son incroyable aisance, son engagement viscéral me fascinent. Elle a porté des combats que d'autres n'osaient même pas nommer. Elle a fait face, seule parfois, et elle n'a pas cédé. Mais ce qui me bouleverse chez elle, c'est son courage. Ce courage de parler, même quand parler est devenu dangereux. Ce courage de rester debout quand d'autres se contentaient de baisser la tête.

Le courage de ma fille aussi m'impressionne. À 6 ans, un âge où l'on croit souvent que les enfants ne savent pas ce qu'ils veulent, elle s'est plantée devant son père et moi, le regard ferme, et avec ses mots d'enfant elle a revendiqué son droit à avoir son propre style, différent du mien, et surtout à être respectée pour ce qu'elle était : « Toi, tu as ton style, moi, j'ai mon style. » Une phrase toute simple, et pourtant si puissante. À cet instant, j'ai su que j'avais affaire à une militante née. Depuis, elle n'a jamais cessé de prendre la parole, de défendre ses idées. Elle a eu 20 sur 20 au grand oral du bac. Aujourd'hui, elle intervient dans les conférences organisées par mon association Jumps, destinée à la réussite au féminin. Chaque fois que je la vois s'adresser à la salle, sûre d'elle, lumineuse, je me dis que c'est pour des filles comme elle que nous devons continuer à ouvrir des chemins.

Toutes n'ont pas cette assurance. Je repense à cette élève qui voulait devenir esthéticienne. À cause de son physique, personne ne voulait la prendre en stage. Elle recevait des remarques aussi blessantes qu'absurdes, parfois à peine voilées, parfois brutales : elle ferait fuir les clientes, lui assenait-on. On attendait des visages lisses, des corps délicats, un idéal de féminité désincarnée, conforme aux clichés publicitaires. Pas d'imperfections, pas d'aspérités. Seulement des poupées silencieuses derrière les comptoirs. La seule solution qu'elle a trouvée pour vivre de sa passion est de devenir thanatopracteur : donner des soins esthétiques aux morts, puisque les vivants, eux, la refusaient. Et ce n'était pas un cas isolé. J'en ai connu, même aujourd'hui, des jeunes femmes stigmatisées parce qu'elles étaient femmes, donc subissaient une présomption d'incompétence, ou étaient parfois jugées uniquement sur leur physique. Je constate que certaines familles, parfois sans même s'en rendre compte, continuent d'enfermer leurs filles dans des cases préfabriquées : on oriente, on assigne, on bride. On conseille secrètement des voies jugées plus « féminines », moins ambitieuses. Comment s'étonner alors que certaines décrochent, s'effacent, s'abandonnent à l'échec.

Moi, je rêve d'un monde où l'on ouvrira grand le champ des possibles à toutes ces jeunes filles. Un monde où elles auront le droit d'être pilotes, ingénieures, philosophes, bûcheronnes ou astronomes sans devoir s'excuser d'exister. Comme l'écrit la grande historienne française Michelle Perrot,

« “Faire carrière” est de toute manière une notion peu féminine ; pour une femme, l’ambition, signe incongru de virilité, est déplacée. »

Faire carrière, comme l’assumer, est indécent. Presque impossible. Le plafond de verre, ce terme né dans les années 1970 aux États-Unis pour désigner les barrières invisibles qui empêchent les femmes d’accéder aux plus hauts échelons, non seulement je m’y suis heurtée, mais surtout, pour moi, il n’était pas en verre : il était en béton armé. J’y suis allée au marteau-piqueur, à la force du désespoir et de la rage contenue. Et je peux vous dire une chose : il ne faut jamais, jamais lâcher. Parce que lorsque les femmes avancent, c’est tout le monde qui avance avec elles.

On dit parfois qu’un diplôme est le premier mari d’une femme. Je l’ai tant répété que cela résonne désormais comme un mantra dans ma bouche. Ce n’est pas une formule : c’est une arme. Je le dis aux jeunes filles que j’accompagne : mieux vaut compter sur votre savoir que sur une promesse d’amour. Mieux vaut épouser vos études que miser votre vie sur un homme, qui, croyez-moi, sera souvent moins fidèle, moins solide, moins capable de vous protéger que ce que vous aurez construit vous-même.

Quand on naît sans héritage, sans réseau, parfois même sans nom qu’on puisse prononcer sans avoir honte, le diplôme devient la seule dot possible. On le travaille avec la peur au ventre, avec une urgence que ceux qui sont « mieux nés » ne connaissent pas. Comme d'autres préparent leur trousseau pour un mariage arrangé, nous, nous préparons notre évasion. Parce qu'un diplôme, ce n'est pas juste un bout de papier : c'est un passeport pour exister. Pour ne pas rester à la merci de la pauvreté, de la dépendance, de l'effacement.

Les hommes héritent souvent d'un capital, d'un réseau, d'une seconde chance. Les femmes, elles, surtout celles venues de nulle part, doivent construire leurs fondations à mains nues. Quand on sort du néant, comme moi, comme tant d'autres jeunes filles placées, abandonnées, oubliées, il faut tout inventer. Et dans ce désert-là, le diplôme devient une armure. Il remplace le père absent, la mère en fuite. Il barre la route aux prédateurs, aux jugements, aux humiliations.

Bien sûr, ce n'est pas magique. Le diplôme ne guérit pas tout. Il n'efface ni les préjugés, ni les plafonds de verre, et encore moins la méfiance d'un monde encore trop souvent rétif à voir les femmes, surtout les plus modestes, prendre la tête du navire. Mais il enfonce les portes. Il impose une présence. Il murmure : « J'ai ma place ici », même si personne ne veut l'entendre.

« C'est par le travail que la femme a en grande partie franchi la distance qui la séparait du mâle ;

c'est le travail qui peut seul lui garantir une liberté concrète », écrivait Simone de Beauvoir dans *Le Deuxième Sexe*[1]. Nous avons à travailler deux fois plus pour atteindre la réussite, pour pouvoir ensuite nous faire entendre. Moi, je me suis mariée à mes études bien avant de songer à me marier à quiconque. J'ai fait vœu de réussite, un vœu silencieux, mais inébranlable. Et dans ce contrat-là, au moins, j'avais une chance d'être respectée. Une chance de m'appartenir.

1. Simone de Beauvoir, *Le Deuxième Sexe*, Gallimard, 1949.

Dégenrer la réussite

Comment pouvons-nous alors dégenrer la réussite ? Car si nous avons avancé, les droits des femmes et l'égalité hommes-femmes sont toujours plus ou moins menacés. Souvenons-nous, avec Simone de Beauvoir : « Rien n'est jamais définitivement acquis. Il suffira d'une crise politique, économique ou religieuse pour que les droits des femmes soient remis en question. »

• Croire en tous les talents

Sans étiquettes et sans jamais présumer des compétences ou des ambitions d'un élève en fonction de son genre doit devenir la norme. Le potentiel n'a pas de sexe : il appartient à celles et ceux qui osent rêver.

• Ouvrir l'éventail des possibles

Dès le plus jeune âge, présenter aux enfants toute la diversité des métiers et des carrières, sans associer de rôles « masculins » ou « féminins ». Une jeune fille se projette là où elle se sent vivante, pas là où on l'attend.

• Déconstruisons les stéréotypes en classe

Interrogeons les représentations dans les manuels, dans les exemples donnés, dans les discours du quotidien, dans nos propres réflexes d'enseignants : pourquoi vais-je davantage accepter ce comportement venant d'un garçon ?

• Remplaçons les clichés par des modèles inspirants et variés

Au hasard, Coco Chanel ?

• Encourageons l'ambition

Valorisons autant l'ambition d'une fille que celle d'un garçon. Et rappelons que viser haut n'est ni orgueil ni arrogance, mais une forme de fidélité envers soi-même.

• Détectons et neutralisons l'autocensure

Aidons les élèves à identifier ces petites voix intérieures – « je ne suis pas fait(e) pour ça », « ce n'est pas pour moi » – souvent héritées de siècles d'exclusion. Travaillons à faire taire la peur avant qu'elle ne devienne ce fameux plafond de verre, ou de béton armé.

- Normalisons les réussites féminines

Finissons-en avec l'idée que réussir quand on est une fille dans certains secteurs est un exploit. C'est normal. C'est légitime. Ce doit être une évidence, pas une exception.

- Instaurons un climat de respect absolu

Interdisons tout commentaire sexiste, toute remarque sur le physique, l'habillement ou la prétendue « nature » des élèves. La salle de classe doit être un espace sûr pour apprendre à être soi.

- Impliquons les familles dans la déconstruction

Sensibilisons les parents aux enjeux du genre et aux risques des attentes traditionnelles. Leur montrer que l'épanouissement passe par la liberté de choisir, non par l'obéissance aux normes.

- Redéfinissons la réussite

Sortons de la vision unique de la réussite. Valorisons autant la carrière brillante que l'engagement discret, autant la réussite individuelle que le succès collectif. Réussir, c'est devenir pleinement soi, et ce soi n'est jamais le même.

• Assumons la supériorité du savoir sur le paraître

Oui, j'accorde une grande place au paraître, cela fait partie selon moi du jeu des interactions humaines. Cependant, cela n'a aucune valeur sans travail et sans savoir. Le paraître est un outil du respect de soi, pas un moyen d'attirer. C'est important de porter ce message car mes jeunes ont souvent une faible estime d'eux-mêmes, et ils peuvent trouver dans la séduction un palliatif de la déconsidération. Je le rappelle : c'est un leurre ! La liberté dépend de ce que l'on sait et non de ce que l'on paraît.

Chapitre IX

Un chemin pour chacun, la réussite pour tous

Il arrive qu'on me demande quelle est ma recette pour mener ces élèves jusqu'au bac. Mais c'est un peu comme demander son ingrédient secret à une cuisinière ou à son point fétiche à une couturière. Individualiser, ce n'est pas suivre un protocole prédéfini ni appliquer une méthode spécifique à un âge ou à une catégorie d'enfants. C'est composer en permanence avec les différents profils d'élèves, sans reprendre son souffle, avec comme maître-mot « l'individu ».

Les origines sociales, le genre, la langue maternelle (je pense ici aux élèves allophones) ou encore le profil cognitif[1] sont autant d'éléments qui font

1. Le profil cognitif renvoie à la neurodiversité, c'est-à-dire à la diversité des fonctionnements cognitifs : dyslexie, dyscalculie, autisme, trouble du déficit de l'attention avec ou sans hyperactivité, haut potentiel intellectuel.

la grande diversité des jeunes que j'accueille. Cette diversité humaine est une véritable richesse. Combien de scientifiques ou d'artistes ont fait partie de ces jeunes « atypiques » sur lesquels personne n'aurait misé un kopeck. Miser sur la diversité, c'est miser sur chacun, et miser sur le groupe. Si la culture scolaire la valorise, alors elle se donne les moyens de former des futurs citoyens solidaires.

Enseigner, c'est être suffisamment souple d'esprit pour accompagner la trajectoire de chacun, selon ses centres d'intérêt et ses capacités. C'est faire preuve d'une foi indéfectible dans la capacité de chacun à tracer son chemin, à son propre rythme, avec ses propres ressources.

L'individualisation pédagogique, souvent confondue avec la simple différenciation, est pour moi tout un art. Il faut d'abord exceller dans la gestion de l'hétérogénéité des apprenants. Ensuite, il faut se garder d'adapter mécaniquement et froidement une méthode selon ce que l'on pense savoir de la personne, mais au contraire l'impliquer et se souvenir qu'elle est la mieux placée pour comprendre ses besoins et son propre fonctionnement.

Aussi, si l'on veut travailler en prenant en compte la « zone proximale de développement », c'est-à-dire ce qu'un apprenant peut faire seul et ce qu'il peut accomplir avec l'aide d'un adulte ou d'un pair plus compétent, les rencontres au sein du groupe doivent être diversifiées et adaptées à chacun. La zone proximale de développement, qui a été conceptualisée par le pédagogue et psychologue Lev Vygotski, est considérée comme un espace cognitif intermédiaire entre une « zone d'autonomie » et une « zone de rupture » (zone de grande difficulté, même en cas d'étayage[1]). Selon Vygotski, l'enfant apprend en étant confronté à un problème, en étant en légère difficulté. Si la tâche est trop ardue, l'élève est dans la zone de rupture. Si elle est trop facile, il reste dans la zone d'autonomie, et il n'y aura pas de défi susceptible de le motiver. Il faut donc soumettre à l'élève une tâche raisonnablement difficile pour qu'il puisse la résoudre en collaboration.

Ainsi, « individualiser » ne veut pas dire « isoler ». Au contraire, la coopération est l'occasion d'harmoniser et de faire coexister des fonctionnements singuliers. « L'éducation ne se limite pas aux connaissances académiques, mais vise à former des citoyens responsables, critiques et solidaires », soutenait le pédagogue Célestin Freinet. C'est le principe de l'école démocratique, qui tenait à cœur au

1. Selon Bruner, l'étayage est une aide apportée par un adulte expert, à une autre personne moins experte, afin de lui permettre d'accomplir une tâche qu'elle n'aurait pu effectuer toute seule

philosophe John Dewey[1]. Forte de ces influences, j'ai mis en place un programme précis pour la semaine de la rentrée. À chaque rentrée, je prends le contre-pied de ce qu'on attend d'un enseignant : c'est le projet « connaissance de soi » de la première semaine, durant laquelle je mets le reste des enseignements de côté. Je ne parle ni de programme, ni de compétences à acquérir, ni même du bac. Je prends mon groupe d'élèves, seule. Ils n'ont aucun autre cours à part les miens, et mon équipe pédagogique rentre en scène la semaine suivante pour les cours de préparation à l'examen. Pendant une semaine, je parle d'eux. Je leur propose de faire une pause pour se regarder en face, sans filtre, sans pression. Je leur tends un miroir.

J'ai compris avec le temps qu'on ne peut pas construire quoi que ce soit avec des jeunes qui arrivent remplis de colère, de fatigue ou de blessures. Avant de leur demander de se concentrer, il faut leur permettre de déposer ce qu'ils portent. D'apaiser ce qui bouillonne à l'intérieur. Sinon,

1. Dans *Démocratie et Éducation* (1916), Dewey affirme que l'école doit être une communauté vivante, où les élèves apprennent en coopérant, en expérimentant et en réfléchissant ensemble. Il rejette l'éducation traditionnelle, centrée sur la transmission passive de savoirs, au profit d'une pédagogie active et expérimentale. L'élève y est considéré comme un acteur de son apprentissage, guidé par ses intérêts et ses expériences concrètes.

l'apprentissage ne prend pas. Il est primordial de consacrer du temps pour se connaître, comprendre les parcours de chacun, tisser des liens avant de parler d'avenir et souder ce groupe-classe.

Je leur dis la vérité : « Ici, vous allez réussir. Vous me l'aurez, ce bac ! Mais vous n'y arriverez pas seuls. On va devoir se faire confiance, se soutenir, se dire les choses. Et pour ça, il faut se connaître, en tant qu'individus et en tant que groupe, car ce sont vos différences qui vont faire la force de ce groupe. »

Pendant cette semaine, je leur fais faire des exercices simples en apparence mais qui, en réalité, les répare. Je redonne à chacun sa place et ça change tout. C'est pourquoi je ne commence jamais une année sans cette étape cruciale. Tout simplement car j'en connais les fruits : j'ai vu des élèves qui ne se parlaient pas devenir inséparables, des gens qui avaient la haine contre le système scolaire retrouver le goût d'être au lycée et d'être ensemble. C'est invisible sur un emploi du temps, mais c'est pendant cette première semaine que tout se joue pour la suite.

La fin de la semaine est aussi marquée par un événement qui me tient à cœur. Elle se termine par une cérémonie surprise. J'ai intitulé ce projet : « Ils ne savaient pas qu'ils étaient des héros. » Les élèves ne sont pas au courant de ce qui se trame ; j'ai évoqué devant eux un goûter pour célébrer cette fin de première semaine en beauté. Je décore la salle sans ostentation, avec des LED ; je mets de la musique douce. Je n'en fais pas un lieu d'honneur. Sur chaque table, j'ai déposé une enveloppe avec à l'intérieur une phrase qu'ils ont écrite eux-mêmes, mais dont ils ignoraient la fonction à terme. Une fois que tous les élèves sont entrés, je prends la parole :

« Aujourd'hui, je ne vous remets pas de notes. Je vous remets des mots. Mes mots. Ils ne disent pas tout ce que vous êtes, mais ce que vous m'avez laissé entrevoir de vous. Recevoir une médaille aujourd'hui, ce n'est pas être le meilleur. C'est juste être vu, reconnu. Et j'espère que ces mots continueront de vous accompagner cette année comme un petit repère intérieur quand le doute reviendra. »

Je les appelle un à un et je leur remets à chacun une médaille symbolique. À Marius, c'est celle de l'« ordre de la présence malgré l'absence » : son père est hospitalisé, sa mère travaille de nuit, et il n'a jamais raté un cours. À Louna, c'est la « médaille du silence qui protège » : elle n'a pas beaucoup parlé pendant la semaine, mais elle a écrit le plus beau texte. À Alexandre, je décerne la « médaille de l'effort discret » : depuis lundi, il est toujours à l'heure, concentré, attentif. Il n'a peut-être pas beaucoup parlé de lui mais il en montre déjà beaucoup. Pour Léo, c'est la « médaille du chevalier du pas en avant » : il a osé prendre la parole, ce n'était pas rien. Quant à Inès, elle reçoit la « médaille de la créatrice de lien » : elle connaît les prénoms de chacun de ses camarades, a parlé à tout le monde, elle a tissé du lien. Enfin, Bilal reçoit la « médaille du gardien du sourire vrai » : sa bonne humeur met tout le monde à l'aise. Il fait rire sans blesser. Son talent est précieux.

Par cette cérémonie, je leur redonne confiance en eux en les valorisant. Je veux qu'ils pensent à nouveau être capables de faire et de réussir. Le sentiment d'appartenance est fort, ils comprennent qu'ils appartiennent à une communauté, qu'ils sont vus au sein du groupe pour qui ils sont et pas ce qu'ils devraient être. Le lundi, ils étaient des individus isolés au sein du groupe, et le vendredi ils sont des élèves reconnus au sein de ce groupe-classe.

La complémentarité que je tente d'établir entre les élèves s'observe aussi côté enseignants. Les réussites sont dues à la coopération entre des collègues qui décident de croire, ensemble, au potentiel d'un élève. Je recrute des professeurs qui ont envie de s'impliquer dans le dispositif. Mon équipe pédagogique se compose d'intervenants extérieurs ou de collègues du lycée. « Contribuer à la persévérance scolaire » fait partie de ma mission, et passe aussi par la formation de mes collègues et de chefs d'établissements au décrochage scolaire. Bien sûr que ces élèves, plus encore que les autres, sont parfois complexes à gérer. Bien sûr que ces aménagements permanents sont parfois fastidieux, les comportements perturbants, parfois violents… Mais quand les valeurs passent avant tout, une équipe éducative peut faire des miracles. Je remercie mon équipe d'être auprès de moi depuis toutes ces années et de ne pas avoir baissé les bras. Au-delà même de la coopération entre professeurs, je mets en œuvre une alliance éducative au service des élèves où se mêlent aussi acteurs du monde associatif et économique. Nous sommes tous impliqués, ensemble, dans la réussite de la jeunesse.

Individualiser, c'est bien entendu varier les supports, diversifier les voies d'accès au savoir (orales, visuelles, manipulatoires), proposer des défis aux élèves, doser l'étayage, toujours observer et réajuster sans relâche. Mais c'est une attention soutenue et absolue accordée à la personne qui est en train de grandir sous nos yeux. Montrer un souci de l'autre. Enseigner ne peut pas être un métier alimentaire : c'est un art, une passion, une soif de changer le monde. Nous avons tous été marqués par la fougue pédagogique de Mr. Keating, le professeur de littérature anglaise du film *Le Cercle des poètes disparus*. Cet enseignant s'adresse avec authenticité à ses élèves pour les inciter à penser par eux-mêmes : « À présent dans cette classe, vous apprendrez à penser par vous-mêmes, vous apprendrez à savourer les mots et le langage ! » leur lance-t-il.

Certes, il m'arrive d'utiliser des grilles de suivi, des outils numériques, des évaluations. Mais l'essentiel n'est pas là : ce qui importe, c'est la rencontre, l'ajustement permanent, dans cette conscience alerte que chacun est un monde à découvrir et non un problème à résoudre. L'excellence est là, juste derrière la lassitude et le sentiment d'échec.

Je me rappelle cet élève, que l'on considérait comme démissionnaire, alors qu'il avait juste besoin de construire ses devoirs, par ailleurs excellents, à l'oral avant de les écrire à l'ordinateur puis de les rendre. L'individualisation, ce n'est pas céder à toutes les demandes, ni renoncer à l'exigence. Je me veux bienveillante et exigeante. L'individualisation, c'est croire que les chemins peuvent être multiples, mais que chacun peut et doit viser les sommets. Individualiser, c'est aussi aller chercher ce qui, en dehors des compétences scolaires, fait toute la singularité et la richesse de l'enfant : l'intelligence, le potentiel, ne se résume pas aux compétences scolaires. Voyez Winston Churchill : ancien Premier ministre du Royaume-Uni, considéré comme un héros de la Seconde Guerre mondiale. Celui qui a fait preuve de bravoure et d'un talent de stratège pour lutter contre les nazis n'était pas un bon élève. Jeune, il avait des compétences, comme une excellente mémoire, mais son côté indiscipliné le faisait passer pour un « mauvais élève ». Sélectif, il négligeait tout apprentissage qu'il ne jugeait pas utile ou intéressant. Totalement incompatible avec les attentes scolaires, il a plus tard été salué pour ses talents d'orateur et l'éclat de ses discours. Une personnalité aux fulgurances littéraires et politiques, d'autant plus atypique que Churchill était bipolaire. On se souvient de la fameuse phrase « Je n'ai rien à offrir que du sang, du labeur, des larmes et de la sueur ». Il est évident que le petit Winston était rempli de talents, mais qu'il n'était pas en situation de les déployer. Combien de Winston errent, à votre avis, au fond des salles de classe ?

Restons malgré tout réalistes : j'ai été en difficulté avec certains élèves. Il est parfois tellement long de faire connaissance, et certains sont dans des situations parfois si compliquées que, quand arrive le moment fatidique des examens, nous avons peu avancé. Je pense à cette jeune élève autiste, avec laquelle je mangeais dans le noir à cause de sa sensibilité à la lumière – j'avais emporté mon micro-ondes dans mon bureau afin qu'elle puisse chauffer son déjeuner – et pour laquelle je faisais en sorte d'atténuer tous les bruits environnants. Je m'épuisais à combattre les potentielles sources de stress – les jeunes autistes ont en effet une sensibilité exacerbée aux stimuli sensoriels de leur environnement. Leurs réactions en cas de crises peuvent être déconcertantes, d'autant plus lorsque l'enseignant n'est pas formé à l'autisme ni à la neurodiversité. J'ai donc pu avancer un peu avec cette jeune fille, mais en deçà de nos objectifs. Dans ces cas-là, je ne lâche rien, jamais, car ce que j'ai appris tout au long de ces années, c'est que ce qui comptait le plus pour mes élèves, c'est d'avoir croisé la route de quelqu'un qui croyait dur comme fer en leurs capacités.

« Pour être irremplaçable, il faut être différente »... Être une enseignante différente n'est pas toujours simple, mais c'est un de mes meilleurs atouts. Je pense que si mes élèves ne sentaient pas que je suis « singulière », ils ne me donneraient pas à voir leurs propres singularités. Je ne leur cache rien : il faut partager son propre parcours de vie, raconter les difficultés surmontées, pour inspirer et motiver les élèves. Aussi, dès le premier entretien, je leur demande quelle matière ils préfèrent afin de les mettre en confiance et de commencer par les cours qu'ils aiment. Pour les élèves en phobie scolaire, je commence toujours avec seulement deux ou trois heures de cours la première semaine, puis les matières sont intégrées au fur et à mesure. Il est essentiel de chercher ce qui peut être valorisé en eux, et qui ne se limite pas à des compétences scolaires. Il peut s'agir d'une compétence particulière, d'une passion, d'un engagement à l'extérieur de l'école, de traits de personnalités. Je n'ai jamais rencontré un jeune sans aucune qualité ; au contraire, mon expérience m'a appris que chaque individu est évidemment singulier, mais représente aussi une richesse pour les autres. Il n'existe aucun être humain qui ne « vaut rien ». Il faut donc s'appuyer sur cette petite chose en plus qui fait que chaque élève a son importance, et sa valeur.

Le grand couturier Jean-Paul Gaultier, élevé à Arcueil par un père comptable et une mère caissière, auprès d'une grand-mère qui l'initie à la couture, n'a pas eu une scolarité exemplaire. Et pourtant, il brille ! Le petit Jean-Paul dessinait en permanence à l'école, en particulier des femmes vêtues de costumes à plumes. Il est sorti de l'école sans diplôme : il n'avait même pas son baccalauréat. Mais il avait de l'audace : ses croquis, qu'il avait envoyés à Pierre Cardin, lui ont ouvert les portes du monde des grands de la mode, en commençant par être l'apprenti de cet autre immense couturier.

Il existe une solution, une voie à trouver, plus ou moins sinueuse, pour chacun. C'est parce que je suis passée par ce chemin que je suis en mesure de leur montrer mes plaies, qui ressemblent étrangement aux leurs, et les convaincre que le savoir est le remède à leurs maux. Au départ, ils le conçoivent comme un instrument de torture, comme une justification aux maltraitances et aux humiliations. La proximité est un prérequis indispensable à la relation pédagogique et à l'engagement de l'élève. Il est assez frappant d'ailleurs de voir comme les élèves changent lorsqu'ils comprennent mon rôle et la finalité de la pratique éducative.

Donc, lorsqu'on me pose la question : « Quelle est votre recette ? », je préfère répondre la vérité : il n'y en a pas. Seulement des personnes, des chemins, et la chance inouïe de découvrir une nouvelle intelligence chaque jour. Et je me fie à ma devise : *Un chemin pour chacun, la réussite pour tous !*

Vive les chemins de traverse !

• Voir l'élève, pas la case

Les cases, c'est pratique pour classer les dossiers, pas pour comprendre les humains. Les cases peuvent emprisonner les élèves, et entraver leurs trajectoires singulières. Osons explorer le continent que chaque jeune peut offrir au monde, et n'utilisons ces « cases » (comme les diagnostics) que pour étayer l'apprentissage.

• Se souvenir que tous les chemins sont beaux

Ce n'est pas parce qu'un rêve est différent du nôtre qu'il est moins grand. Il faut apprendre à applaudir des projets qu'on ne comprend pas nécessairement : souvent, c'est plus tard que les choix de vie prennent tout leur sens.

• Garder la porte ouverte

Si j'ai tendance à conseiller à mes collègues de permettre les sorties intempestives (en cas d'anxiété scolaire), il est important que nous gardions les portes de l'école ouvertes pour ceux qui auraient bifurqué un temps. Qu'il s'agisse d'une épreuve personnelle, d'un manque de motivation ou d'une autre priorité, chaque détour est constructif, et chacun a droit à une seconde chance.

• Refuser la dictature du prestige

Il y a des réussites qui n'ont pas de médaille, pas de podium. Parfois, ceux qui les décrochent sont plus en phase avec eux-mêmes que ceux qui brillent sur les podiums. Ces réussites-là méritent qu'on les célèbre de la même manière que les victoires les plus clinquantes.

• Encourager l'esprit critique

Réussir, c'est parfois dire non aux injonctions absurdes. C'est une qualité que je reconnais chez de plus en plus de jeunes (mais elle a ses contreparties), mais il faut bien savoir doser son expression pour faire des concessions avec le système.

• Transformer la rage en carburant positif

Les jeunes qui connaissent des difficultés, les jeunes décrocheurs ont la rage. Ils sont envahis par le sentiment d'injustice. Apprenons-leur à en faire un moteur pour aller loin : transformer la rage en détermination, rien de plus efficace.

• Multiplier les chemins d'accès à la réussite

Favoriser les voies professionnelles, technologiques, générales : toutes ont la même dignité. Il n'y a pas de trajectoire mineure, il n'y a que des parcours singuliers.

• Faire de l'école un lieu de sens

Redonner du sens à l'école : en venant chaque matin, il faut que les jeunes comprennent pourquoi on leur a demandé de se lever. Apprendre doit avoir du sens. Il faut savoir connecter les savoirs à la vie réelle, à des projets concrets, leur permettre de rencontrer des acteurs de la « vraie vie ».

Chapitre X

Celle que j'ai toujours rêvé d'être

Je suis dans la lumière. Elle ne tombe pas sur moi : elle m'enlace. Habillée, maquillée avec soin, manucurée : j'ai totalement cédé aux sirènes de l'apparence. Le photographe tourne autour de moi, capture mon image, l'image de celle que je suis, de celle que j'ai toujours rêvé d'être. Je savoure chaque flash comme une ondée de soleil. Sous mes paupières, il y en a une qui jubile : c'est la petite Carine. La petite fille élevée par des parents blancs, à qui l'on coupait les cheveux très court, qui dessinait ses maisons avec des toits à l'envers, qui se sentait oubliée par le monde. Aujourd'hui 29 mars 2025, elle se sent comme une reine. Cette gloire est grisante.

J'ai préparé ce jour comme on prépare un couronnement. J'ai traversé la ville avec ma valise remplie de diverses tenues, j'ai marché dans ses rues comme en terre conquise. Plus question de me cacher. Aujourd'hui, le trottoir, la ville, c'était mon podium. Mais ça n'est pas seulement ma petite personne qui défile : ce sont aussi les femmes, les rejetés, les enfants de la DDASS qui coulent dans mes veines. L'admiration que l'on m'accorde, c'est leur vengeance à tous, c'est notre vengeance. J'ouvre les portes pour ceux qui sont encore dehors, sur le seuil de la société. Renvoyer cette image de moi en « star », c'est une manière de leur rappeler que personne n'est prédestiné à l'échec.

Je me prends pour une diva et c'est délicieux. Les flashs crépitent, je lévite. Il faudra bien redescendre de ce nuage, mais je savoure encore quelques instants cette renaissance. J'écrase de mes pas le mépris d'autrefois. Quand j'étais petite, je voulais qu'on me voie, mais en restant invisible. Je voulais briller, mais sans me faire remarquer. Je me disais qu'il fallait en faire plus que les autres, pour devenir cette femme qui inspirerait le respect et l'admiration.

Quand je regarde en arrière, j'ai du mal à réaliser le chemin parcouru : je suis née dans une froide solitude, et aujourd'hui je donne des cours à la fac, je fais partie du conseil consultatif de l'ordre des économistes, je suis reconnue. Mais à quel prix ? Derrière chaque réussite, il y a une somme incalculable de renoncements, de nuits d'angoisse, de doutes et de sacrifices. Pour certains, j'ai eu de la chance. Les gens pensent que ce que j'ai, là, m'est tombé tout cuit dans le bec. Ils ne voient pas les matins où j'ai dû me lever avant l'aube, les portes closes auxquelles j'ai frappé, les humiliations que j'ai encaissées en silence avant d'apprendre à répliquer. La chance, ça n'existe pas ! Tout ce que j'ai, je l'ai acquis à la sueur de mon front, grâce à l'entraide et à la détermination. Quand je dois prononcer un discours devant des centaines de personnes, j'ai le trac les jours qui précèdent, mais je donne tout pour réussir. Moi et mon reflet dans le miroir savons tous les deux qu'il m'a fallu ne rien lâcher. C'est mon ambition et ma volonté qui m'ont menée là. Comme a dit Oprah Winfrey : « La clé du succès est de croire en soi. Personne ne le fera pour vous. » Il est essentiel de le comprendre. Et on le comprend mieux quand on est dans ma situation. Au moins, quand on part de rien, pas de déception possible.

Mon premier rêve, c'était de fonder une famille, et j'y suis parvenue. Je n'en avais jamais eu et je voulais en créer une. Je voulais savoir ce que c'était que de donner la vie, mais aussi pouvoir réunir de grandes tablées familiales, connaître le sentiment d'appartenir à une grande lignée. La maternité n'a pas seulement comblé un vide, elle m'a aussi donné une force nouvelle, celle de transmettre. Ma famille, je l'ai, et elle me ressemble : mes enfants ont été des sportifs de haut niveau. Eux aussi ont le feu sacré ! Je les ai vus apprendre la rigueur, la résilience, l'humilité face à l'échec. « Je ne perds jamais. Soit je gagne, soit j'apprends », comme a dit Nelson Mandela.

Quand je suis devenue principale adjointe d'un collège, en 2009, j'étais ivre de fierté. J'étais fière d'y habiter, de donner mon adresse – même si on me demandait toujours si j'étais la concierge… Les jeunes de l'aide sociale à l'enfance (ASE) sont confrontés très jeunes à la précarité résidentielle – à 18 ans, « dehors, débrouille-toi ! » – et doivent se battre pour s'en sortir. C'est pour eux que je continue. Mais comment réussir lorsque le minimum vital n'est pas assuré, lorsque la stabilité n'existe nulle part dans votre vie, à commencer par un toit sécurisant au-dessus de la tête ?

Je me souviens du premier jour où Mina est entrée dans ma classe. Silhouette discrète dans un sweat à capuche, elle s'est installée dans le fond de la classe, les bras croisés. Elle avait le regard de ceux qui en ont déjà trop vu, trop vécu : un matin, la mère de Mina est partie. Elle les a laissées, elle et sa petite sœur, dehors, seules, sans un mot. Le père, violent, les a récupérées, jusqu'à ce que l'aide sociale à l'enfance intervienne et les sépare. Mina a été placée. Encore et encore. Dix familles d'accueil. Dix arrachements. Dix fois, elle a dû refaire sa valise, se réadapter, s'expliquer, supporter les silences ou les regards qui jugent. Dix fois, elle a dû cacher ses blessures pour ne pas déranger.

Quand elle est arrivée, elle n'était ni insolente, ni agressive, ni « difficile », elle était lessivée par la vie, blessée, fatiguée, et sur le qui-vive. Dans ces cas-là, ma mission n'est pas d'enseigner mais d'abord de rétablir le lien entre les adultes et l'enfant, le lien entre l'école et l'élève, le lien de l'élève avec lui-même, en créant un espace sécurisé où il n'aurait pas à se justifier, un espace où il pourrait exister tout simplement. Au fur et à mesure des jours, Mina était présente, assidue. Silencieuse, mais debout. Elle ne rendait pas toujours les devoirs à temps, elle ne participait pas beaucoup, mais elle était là. Et elle tenait. L'objectif était un bac STMG ; elle en était grandement capable. On a travaillé certes la méthode, mais aussi l'estime de soi, l'espoir. Je voyais dans ses yeux cette force farouche de ceux qui refusent de sombrer. Elle s'est accrochée. Elle a appris. Elle a repris confiance. Et elle a eu son bac sans redoubler, sans arrangements, en candidat libre. Contre les statistiques. Contre les pronostics. Contre tout. Ce jour-là, en lui remettant son relevé de notes, j'ai vu autre chose dans ses yeux : une fierté muette. Une lumière nouvelle. Celle de quelqu'un qui a compris qu'on pouvait écrire un autre chapitre, même après tant de pages sombres.

Tendre la main, c'était offrir une présence stable dans un monde instable, l'opportunité de se révéler, de prouver qu'on est capable de réussir. La résignation, je ne connais pas ! Je suis ce que l'on appelle « une acharnée ». C'est un trait que l'on retrouve souvent chez ceux qui ont une forte « mentalité de croissance ». Cette idée a été développée par Carol Dweck, professeur de psychologie à l'université de Stanford. Ceux qui croient que leurs capacités peuvent se développer par l'effort et l'apprentissage sont les plus susceptibles de persévérer face à l'adversité. L'état d'esprit de croissance est une des conditions de la motivation et de la réussite. Mais si je ne lâche rien, c'est aussi parce que je suis fondamentalement optimiste. Parce que je crois toujours qu'il y a quelque chose de meilleur derrière les nuages. Cela peut vous sembler utopique, mais peu importe, cette illusion m'a menée jusqu'ici. C'est aussi cette vision qui m'a permis de me défaire des attentes sociétales, en tant que femme et en tant que personne, pour tracer mon propre chemin.

Avant de fonder la marque au camélia blanc, Coco Chanel n'avait rien et n'était rien. Grâce à son état d'esprit de croissance, elle n'a pas attendu d'être prête ou d'avoir tout ce qu'il fallait pour réussir. Elle a agi. C'est la persévérance qui a fait d'elle l'icône des femmes libres. Entre 1907 et 1908, Gabrielle Chanel a elle aussi essayé la chanson et s'est produite dans des cafés-concerts. Mais elle a fait preuve de flexibilité cognitive, cette capacité à changer de direction, à s'adapter face à un obstacle. Elle a traqué les opportunités, saisi les mains qu'on lui tendait, a su s'entourer des bonnes personnes pour réussir à imposer son propre style. En une vie, cette petite femme a créé un empire. Une réussite qui, à bien des égards, fait écho aux stratégies des entrepreneurs modernes comme Steve Jobs, qui a construit son succès sur la base de la persévérance et d'une vision. André Malraux avait prédit que du XXe siècle en France, il resterait trois noms : de Gaulle, Picasso et Chanel. Il n'avait pas tout à fait tort. Chanel incarne ce qui se dit souvent de ceux qui marquent leur époque : ils sont les pionniers d'un changement, ils renversent les règles. Elle était l'indépendance même. Et quand j'ai eu peur d'ouvrir la bouche, de revendiquer mon point de vue et ma liberté, j'ai pensé à elle. On m'a toujours appris à me taire, aussi est-ce une vraie lutte contre moi-même de m'affirmer. Quand j'ai compris que je voulais une vie autre que celle que la société avait prévue pour moi, j'ai dû apprendre, au fil des années, et même des décennies, à penser que rien n'est irréversible, et à foncer.

Mon parcours, de l'athlétisme au mannequinat, en passant par la musique et l'enseignement, est une illustration de la puissance de l'audace.

L'audace, c'est prendre des risques et se faire confiance. J'ai refusé l'habitude et l'ennui, et refusé de regarder de loin le pays des rêves. Je visais une vie, une version de moi-même à la fois puissante et utile, à la fois digne et dévouée aux autres.

Chaque étape a été une leçon, une opportunité de grandir et de me rapprocher de la personne que je voulais être. J'ai aussi appris au fil des années qu'il n'y avait pas de « recette magique » pour réussir, et que cette persévérance qui m'a permis d'avancer s'est aussi construite grâce aux quelques personnes qui ont cru en moi. Nous naissons tous persévérants. Mais cette persévérance est fragile, et il est facile de la briser, surtout pour un enfant seul. Quand je l'ai compris, j'ai décidé de ne plus donner à personne le pouvoir de me « valider ». Aujourd'hui, je n'ai plus besoin de podiums ou de projecteurs pour me sentir valorisée. Rien n'arrête celle qui sait où elle va ! Je me suis affranchie de mon image sociale et j'ai décidé d'avancer sans dépendre de personne. Au contraire, aujourd'hui, je vis la stigmatisation comme un défi. Je ne me soumets à personne, je ne suis la groupie de personne ; je suis trop fière ! Avancer avec assurance, c'est déjà tracer sa propre voie. C'est aussi ce que des leaders comme Oprah Winfrey nous incitent à faire : affirmer notre unicité, ne pas attendre la validation extérieure pour briller. Chaque pas est une affirmation, chaque regard porté vers l'avenir est une promesse que l'on se fait à soi-même : celle de ne jamais renoncer.

L'audace est un carburant de transformation. Dans les théories modernes du leadership, l'audace est présentée comme une vertu clé des leaders visionnaires. Et j'ai encore tant de rêves ! Comme l'écrit Viktor Frankl, psychothérapeute et survivant des camps de concentration, l'homme peut survivre à tout s'il trouve un sens à sa vie. Pour moi, trouver un sens passe par l'engagement envers des causes qui me sont chères.

J'aimerais m'engager auprès des pays africains pour contribuer à l'émancipation de toutes ces jeunes filles privées d'une éducation de qualité voire d'éducation tout court. L'Unesco a tracé la voie en préconisant aux gouvernements de réagir de toute urgence pour que toutes les filles du monde achèvent un cycle complet d'éducation de base. C'est aussi une question de justice sociale, un axe de réflexion central dans les études sur l'éducation inclusive. Dans tous ces pays d'Afrique, en particulier subsaharienne, l'égalité garçons-filles est inexistante, et c'est un supplice pour moi de voir ces disparités se reproduire indéfiniment.

La psychologie sociale montre que les inégalités de genre sont souvent intériorisées dès l'enfance, rendant d'autant plus difficile la lutte contre ces stéréotypes. Des études ont montré que l'appartenance à un groupe stigmatisé impacte les réussites et le comportement d'un individu, en particulier dans le contexte évaluatif. On s'aperçoit alors que l'échec est bien plus complexe à expliquer que par un simple renoncement ou par des déficiences personnelles. Les chercheurs Claude Steele et Joshua Aronson ont réalisé plusieurs expériences édifiantes en ce sens : ils ont étudié la menace du stéréotype. Ils se sont interrogés sur l'origine de l'échec scolaire des minorités ethniques aux États-Unis, qui subissent le stéréotype d'une intelligence moindre. Dans l'une de leurs expériences, ils ont fait passer à des étudiants noirs et à des étudiants blancs un test d'intelligence verbale standardisée. Lorsque le test était présenté comme une simple résolution de problème, il n'y avait pas de menace de confirmation du stéréotype : les Noirs réussissaient aussi bien que les Blancs. Mais lorsqu'il était présenté comme un test d'intelligence, et donc en condition de menace du stéréotype, les étudiants noirs présentaient une performance inférieure à celle des étudiants blancs. Une autre expérience a aussi démontré que ces jeunes noirs réussissaient moins bien lorsqu'ils devaient mentionner leur race dans un questionnaire à remplir au préalable ! Nous sommes assommés par une forme de fatalisme et j'avoue que je suis fière d'avoir combattu ce monstre. Il faut en finir avec le fatalisme ! C'est une idée que j'ai constamment mise en pratique dans mon travail d'éducatrice, où l'on enseigne aux jeunes que la réussite n'est pas un accident, mais un choix. Tout peut changer, et vite, avec de la détermination et un engagement collectif !

Il en est de même avec le stéréotype de l'âge. Les théories du vieillissement positif, notamment celles de Laura Carstensen, professeure de psychologie et directrice du Stanford Center on Longevity, nous rappellent que l'âge n'est qu'un chiffre et qu'il est possible de réaliser de grandes choses tout au long de sa vie. Il n'empêche : j'ai dû attendre l'année de mes 50 ans pour être reconnue.

Le 30 novembre 2019, par décret du président de la République, et sur proposition du ministre de l'Éducation nationale Jean-Michel Blanquer, j'ai été nommée au titre de chevalier de l'ordre national du Mérite. Covid oblige, j'ai reçu les insignes des mains de Geneviève Avenard, la défenseure des enfants, presque deux ans plus tard, le 27 août 2021. Ce moment incarne le pouvoir de la reconnaissance, primordiale dans la construction de notre identité. 2019 a été l'année du basculement : coup sur coup, j'ai été invitée à Las Vegas pour me voir décerner le prix des leaders en éducation au monde ; le *Huffington Post* a publié un article sur moi, qui a donné l'idée à de nombreuses rédactions de s'intéresser à mon histoire – M6 m'a consacré un reportage de sept minutes dans « Le

12.45 », puis j'ai enchaîné de nombreuses émissions de télévisions et radios.

Au-delà de la fierté personnelle immédiate, cette exposition médiatique m'a permis de dire haut et fort que celles et ceux que l'on contient dans l'ombre peuvent éclore à n'importe quel moment de leur vie. Voyez la mathématicienne et informaticienne américaine Katherine Johnson. Malgré un parcours incroyable – elle a tout de même eu son baccalauréat à 14 ans, et un niveau scolaire tel qu'il a fallu créer un cursus spécialement pour elle –, il lui fallut attendre de nombreuses années avant la consécration : en 1969, elle participe au calcul de la trajectoire de la fusée de la mission *Apollo 11*, réussissant à se faire une place dans un monde d'hommes blancs. À 49 ans, la NASA reconnaissait enfin son talent et son rôle déterminant dans la conquête spatiale.

Personne ne vous laissera votre place, surtout si vous venez des marges comme moi. Alors, vous devez la prendre, quoi qu'on vous dise pour vous en dissuader. Et vous devez garder à l'esprit la volonté de donner leur place à tous ceux qui sont injustement écartés.

Dois-je masquer mes brûlures ? J'ai en tout cas décidé d'écrire pour en parler autrement que dans une lamentation inutile. Je veux faire de l'or à partir de la boue dans laquelle je suis née. Boris Cyrulnik l'a si bien écrit : « C'est difficile de s'adresser à quelqu'un pour expliquer ce que l'on a vécu. [...] En revanche, si je fais le détour par l'œuvre, si j'éloigne l'information, je communique mieux avec vous parce que je ne suis plus seul au monde avec mon fracas intérieur, avec ma blessure invraisemblable. Parce que j'ai réussi à en faire une représentation que l'on peut maintenant partager. On habite enfin le même monde[1]. »

Comme lui, je veux célébrer la résilience. Au départ, le terme désigne, en physique, la valeur caractérisant la résistance au choc d'un métal. En psychologie, le phénomène devient un sujet d'étude dans les années 1960, dont découle une définition qui, dans le monde francophone, est : « Capacité d'une personne ou d'un groupe à se développer bien, à continuer à se projeter dans l'avenir en dépit d'événements déstabilisants, de conditions de vie difficiles, de traumatismes sévères[2]. »

Évidemment, nous n'avons pas tous les mêmes capacités de résilience. Elle vient de nous, mais aussi de tout un ensemble de facteurs, dont notre environnement. Une réussite est parfois l'expression de cette résilience. Comme le rappelle Cyrulnik : « La réussite n'est pas toujours une preuve d'épanouissement,

---

1. Boris Cyrulnik, *Je me souviens*, Odile Jacob, 2010.
2. Michel Manciaux (dir.), *La Résilience. Résister et se construire*, Médecine et hygiène, 2001.

elle est souvent même le bénéfice secondaire d'une souffrance cachée[1]. »

Finalement, j'ai été très résiliente. Pourquoi certains y parviennent-ils mieux que d'autres ? Des chercheurs ont un temps parlé de l'« invulnérabilité » de certains enfants, mais cette hypothèse a été abandonnée. En 1980, le psychiatre James Anthony a proposé une métaphore pour expliquer ces disparités : celle des trois poupées. Prenons trois poupées : l'une en verre, l'autre en plastique et la troisième en acier. Toutes les trois se prennent un coup de marteau en pleine tête. On imagine bien que le résultat ne sera pas le même selon la matière des poupées. La première, en verre, se brise en mille morceaux ; la deuxième garde des traces indélébiles du coup reçu, tandis que la dernière paraît intacte. Pour Anthony, la troisième serait un « enfant invulnérable », c'est-à-dire insensible.

Des travaux récents ont proposé une alternative à cette métaphore : les séquelles de la poupée dépendent de différents facteurs. Michel Manciaux explique par exemple que la nature du sol, la force du jet, la matière de la poupée, vont composer un ensemble de causes qui vont engendrer ou non brisure ou traumatisme. La résilience serait donc multifactorielle. Je ne sais pas vraiment de quoi je suis

1. Boris Cyrulnik, *Mourir de* dire. La honte, Odile Jacob, 2010.

faite, mais je me sens tout sauf insensible. Je me sens forte mais fragile, je me sens de verre sous mon armure de « *self made woman* ». Mais je sais aussi que je ne suis pas brisée en mille morceaux, et que je peux travailler le sol pour limiter les dégâts sur les autres poupées.

Aujourd'hui, je marche avec la certitude que l'ambition, la résilience et l'audace sont les meilleures alliées de celles qui refusent de laisser leur destin entre d'autres mains. Je veux prendre de l'envergure pour changer le monde. Je crois y participer, parce que je suis restée fidèle à mes valeurs. Avoir rejoint le Cercle des économistes en janvier 2023 en tant que membre du conseil consultatif pour le projet « Jeunesses » a été un accomplissement pour moi. J'ai été choisie précisément parce que j'ai un profil atypique, pour accompagner des jeunes qui ne sortent pas nécessairement de l'ENA, de Polytechnique ou d'autres grandes écoles à la rencontre des plus grands de ce monde. Je me suis donné le droit de fréquenter ce milieu, d'échanger avec Christine Lagarde par exemple, parce que je me suis convaincue que j'en suis digne. Je me suis autorisée à fréquenter ces milieux d'élite un peu tard. Rappelez-vous : je me suis autocensurée, et je n'ai pas osé intégrer la prépa HEC dans laquelle j'ai pourtant été acceptée. C'est la raison pour laquelle je participe aux

« Entretiens de l'excellence ». Pour la même raison, j'ai créé cette année l'*Étoile club 21*, une association pour aider les jeunes de tous les milieux à se faire un réseau et à se dessiner un avenir. Mon objectif : que les jeunes se réveillent et se sentent dignes de prendre part aux grandes décisions et aux grands projets de ce monde, qui leur appartient !

Si je suis devenue la femme que je voulais être, ça n'est pas pour être admirée, c'est pour me rendre utile, et je crois que j'ai réussi cette vocation. Celle de marteler tout le temps, partout, que personne n'est prédestiné à l'échec. Que même si l'histoire commence mal, elle a peut-être été écrite pour finir en force, en apothéose. Si je n'avais pas été rejetée, si je n'avais pas tant souffert, je ne serais sans doute pas celle que je suis aujourd'hui. Je n'aurais peut-être pas eu l'élan pour devenir moi-même avec tant de détermination.

Je ne suis peut-être pas un modèle, étant moi-même parfaitement imparfaite. Mais ce qui est sûr, c'est que mon histoire m'a permis de devenir un repère pour mes élèves. Une femme, qui n'est pas une héroïne mais qui veut se montrer forte malgré ces cicatrices, optimiste malgré les ecchymoses.

Je veux donner de l'envergure à tous ces jeunes marginalisés, étiquetés trop vite.

Ils en sont capables et je leur dois.

Travailler la résilience

Nous avons tous, individuellement, un potentiel de résilience. Mais la résilience de chacun s'organise collectivement. Les chercheurs donnent pour principaux facteurs de résilience[1] *:*

1. Habilités de résolution de problèmes

2. Autonomie

3. Capacités de distanciation face à un environnement perturbé

4. Compétences sociales

5. Empathie

6. Altruisme

7. Sociabilité, popularité

8. Perception d'une relation positive avec un adulte

Ils indiquent également des facteurs de résilience sociale et/ou communautaire, et de résilience familiale,

1. Marie Anaut, « Le concept de résilience et ses applications cliniques », *Recherche en soins infirmiers*, n° 82, 2005.

parmi lesquels on peut relever la qualité de communication et les valeurs d'entraide et de tolérance sociales.

Pour travailler la résilience, voici les conseils que je pourrais donner pour les jeunes « abîmés » par la vie :

- Faire avec

La peine, c'est un fardeau qui reste. Il faut apprendre à vivre avec. Il faut accepter qu'on ne sera plus jamais la personne d'avant le traumatisme ou l'échec et d'en devenir une nouvelle personne. Ça n'est pas un renoncement à soi, mais accepter que la vie nous change.

- Transformer

« La vie mettra des pierres sur ta route, à toi de décider si tu en feras un mur ou un pont », disait Coluche. Être résilient, c'est faire quelque chose des épreuves que nous traversons. Et crier victoire, ne serait-ce que parce qu'on est toujours en vie.

- Donner du sens à sa vie

Pour être résilient, il faut donner du sens à sa vie. Je le dis à mes élèves : « Chaque matin, répétez-vous quel est le sens de votre vie. » S'il n'y a pas de pourquoi, il n'y aura pas non plus de comment. « Celui qui a un "pourquoi" qui lui tient lieu de but, de finalité, peut vivre avec n'importe quel "comment[1] *" », écrivait Nietzsche.*

• Vous n'êtes pas l'échec

Il ne faut pas se laisser définir par ce qu'on a subi. La résilience, c'est refuser d'être assigné au malheur. Se souvenir que ce qui nous est arrivé est passé, et ne nous définit pas. Un échec ne dit rien de votre valeur. Se répéter : « Ce qui m'est arrivé ne me résume pas. »

• Exprimer ses émotions

Aux États-Unis, les élèves ont à disposition des « mood boards » qui leur permettent d'exprimer leurs émotions et d'échanger à ce sujet avec les adultes. Pour nous, adultes, qui avons face à nous des personnes immatures, les encourager à exprimer leurs émotions permet d'ajuster la relation selon les circonstances.

• Prendre soin

« Il n'y a pas de santé sans santé mentale » selon l'Organisation mondiale de la santé. Pas de réussite non plus sans santé mentale. Prenons soin de nos

1. Friedrich Nietzsche, *Le Crépuscule des idoles*, 1888.

jeunes, avant d'exiger la réussite. Pour rappel, un quart des lycéens (24,2 %) déclare avoir eu des pensées suicidaires ces douze derniers mois. Il est urgent d'inverser la tendance.

Chapitre XI

Merci

Je ne vais pas écrire un chapitre de remerciements débordant de gratitude et de bons sentiments, comme un de ces discours convenus de remise de médaille ou de César. Mais maintenant que j'ai passé les 50 ans, je voudrais dire « merci ». Oui, j'ai le cœur qui déborde de projets et d'ambitions démesurées. Oui, je me sens encore pleine d'énergie et de détermination. Mais ce livre est un point d'étape, et l'opportunité de saluer tous ceux qui m'ont permis d'avoir cette vie aujourd'hui.

Difficile de remercier la République sans une pointe d'amertume. « La France est une République indivisible, laïque, démocratique et sociale » : c'est ainsi que commence notre Constitution écrite en 1958. À certains égards, la marge de progression est évidente. Je ne suis pas la République. Je ne suis pas née l'égale de mes compatriotes. Non, je n'ai rien oublié : ni les injustices ni les humiliations. Ni la DDASS, qui m'a placée dans le Morvan, m'a considérée comme un numéro, ne m'a pas traitée comme une personne. J'ai dû devenir cette personne à force de coups de coude, de travail et de négociation. J'ai trouvé injuste d'être placée arbitrairement dans le Morvan.

Oui, je suis une pupille de l'État, une enfant de la République, mais ne nous illusionnons pas : pour les enfants placés, la route est en pente raide. Certes, je suis la preuve vivante que l'école permet de réussir grâce à l'escalier social. Même si je suis ce que l'on appelle une « transfuge de classe », je ne crois pas à la méritocratie de manière absolue. Pour réussir, en partant d'où je partais, j'ai dû travailler dur et m'entourer des bonnes personnes. Je ne parle donc pas de cette fameuse « ascension sociale », qui consiste à occuper une fonction plus élevée que celle de ses parents ou que celle que l'on occupait au début de sa vie. Des belles histoires d'ascension sociale, nous en connaissons tous. Je pense à Michelle Obama, née dans un quartier pauvre de Chicago, dont on connaît la succession de réussites ; je pense à Coco Chanel et à sa fulgurante ascension, d'enfant placée à créatrice de renommée mondiale.

Attention cependant : si ces exemples font les unes des magazines, c'est bien parce qu'ils sont rares. En célébrant les réussites, on a tendance à occulter l'immobilisme de la société. On oublie les ressources incroyables qu'il faut déployer pour parvenir au même niveau que ceux qui sont « bien nés ». L'ascension sociale ne concerne qu'un petit nombre de personnes, et je veux être le porte-voix de toutes les autres. Je ne parle donc pas d'« ascension sociale », mais d'« escalier social ». L'ascension sociale est souvent assimilée à un ascenseur : il suffirait d'appuyer sur un bouton, pour que tous les rouages de la machine se mettent en marche et vous mènent, sans que vous ayez à fournir aucun effort, à l'étage des boss. C'est une illusion totale ! L'ascension sociale se fait par l'escalier, dont il faut franchir chaque marche une à une. Il est ardu, sélectif et ne laisse pas le droit à l'erreur. On le gravit lentement, à la sueur de son front, avec le soutien de ceux qui croient en nous.

L'escalier social, c'est l'escalier de la confiance en soi et du labeur. C'est vrai, et le sociologue français François Dubet le rappelle, la France a tout ce qu'il faut pour devenir le pays de l'égalité des chances : « Tout n'est pas parfait, mais comparée à des pays comparables, l'école française devrait assurer mieux que d'autres une certaine égalité des chances. » Et pourtant, admet-il, « il n'en est rien et la France est le pays de la reproduction des inégalités sociales et scolaires[1] ». Selon Dubet,

1. François Dubet, « Égalité des chances scolaires : le paradoxe français", *Après-demain*, n° 38, 2016.

l'immobilisme scolaire contribuerait même à accentuer les inégalités sociales entre les élèves.

Mais, même si cette République m'a fait du mal, j'ai pu accomplir de grandes choses. Alors, oui, je la remercie, la République, de m'avoir offert un toit, de m'avoir laissé, par moments, saisir l'opportunité de montrer de quoi j'étais capable. Mais je veux lui dire que je la surveille de près ; qu'aujourd'hui, elle a la responsabilité de toute une génération de jeunes, et en particulier celle des enfants de l'ASE.

J'ai pris connaissance avec un pincement au cœur du rapport publié par la Cour des comptes en avril 2025, dans lequel il est fait état d'une « une crise profonde », dont les premières victimes sont, comme souvent, les plus vulnérables : ces enfants placés, qui grandissent dans l'ombre des promesses républicaines non tenues. Ces enfants dont on parle parfois dans les discours officiels, mais que l'on oublie si vite une fois les écrans éteints. J'ai en tête le souvenir de Lily, 15 ans, placée dans un hôtel – une pratique interdite par la loi –, qui a mis fin à ses jours en 2024, ou de Jess, qui s'est suicidée à 17 ans, en 2019. Deux enfants égarés, sacrifiés dans un no man's land institutionnel. Ces drames auraient dû susciter un sursaut collectif ! Faut-il être directement concerné pour s'en indigner ? Pour abandonner une personne de la sorte, il faut la considérer comme un morceau de néant. Pendant les auditions qui ont alimenté ce rapport, la professeure Céline Greco, cheffe du service de médecine de la douleur et des soins palliatifs de l'hôpital Necker-Enfants malades, a rappelé que « les enfants de l'ASE connaissent deux fois plus de maladies cardiovasculaires, deux à trois plus fois de maladies respiratoires, deux fois plus de cancers » que les autres enfants. Bien entendu, la santé mentale de ces jeunes inquiète, en particulier les syndromes dépressifs. Et puisque, dans cet ouvrage, nous parlons de la nécessité de combattre les déterminismes sociaux, voici une réalité alarmante : 45 % des jeunes de 18 à 25 ans sans domicile fixe sont issus de l'ASE. Ce chiffre me fait froid dans le dos. Que dire de plus, si ce n'est que l'ascenseur social est clairement en panne, et que certains jeunes n'ont même pas la sécurité économique et affective qui leur permettrait d'envisager la possibilité d'un avenir ? Quand la République nous considérera-t-elle comme des personnes ?

Mais au sein de ce système, certaines âmes invisibles m'ont aidée, et m'ont même portée. Ma réussite, je ne la dois pas qu'à moi-même ; elle n'existerait pas sans eux. Ces gens m'ont tenue debout, ont cru en moi et, d'une certaine manière, ils représentent la mise en œuvre des plus belles promesses de la République.

Merci aux jeunes auprès desquels je découvre le monde chaque jour. Ma carrière, c'est trente-deux ans de bonheur. J'ai passé et obtenu le bac trente-deux années consécutives ! Mes élèves, c'est ma mission, c'est pour eux que je me lève chaque matin. Ils sont ma source, mais aussi mon miroir : en eux, je me vois. Quand je rencontre cette jeune fille dont tout le monde se moque, qui se ronge les ongles jusqu'au sang parce qu'elle ne sait pas ce qu'elle va devenir, quand je rencontre ce jeune homme que l'on dit « perturbateur » alors que ses yeux trahissent une colère inouïe d'être déconsidéré, c'est comme si je me rencontrais à nouveau. La reconnaissance, c'est le point de départ de toute aventure, c'est aussi important que la sécurité. Un élève qui se sent reconnu pour ses compétences, mais aussi et surtout en tant que personne précieuse, unique et respectable, donnera ce qu'il est en mesure de donner. Une école digne de ce nom, une école juste, serait une école dont on sortirait convaincu que l'on possède des compétences et des qualités, et que, derrière les diplômes et les années d'apprentissage, le monde n'attend que nous. C'est vrai que l'école ne tient pas encore cette promesse, et, avec mes collègues, nous œuvrons à inverser la tendance. Mais j'ai contribué, j'en suis certaine, à améliorer l'avenir d'une partie d'entre eux. « Le succès ne se mesure pas à la quantité d'argent que vous gagnez mais à l'impact que vous avez sur la vie des gens », écrit Michelle Obama. Ils sont mon succès.

Merci à tous ceux qui m'ont traitée de « cassos » : ils m'ont rendue plus forte. Merci à ceux qui ont prononcé ce mot avec la légèreté de ceux qui n'auront jamais à en porter le poids, à ceux qui ont pensé, tout bas ou tout haut, que ma vie était déjà tracée. Vous avez imaginé pour moi une vie parsemée d'échecs scolaires, de petits boulots sans intérêt, de déterminismes sociaux. Merci, sincèrement, car à travers vos jugements hâtifs, vos étiquettes collées comme des verdicts, vous m'avez donné une force insoupçonnée. Chaque fois que je me suis sentie anéantie, comme réduite à ce mot sale, injuste et humiliant, chaque fois que l'on m'a renvoyée à ce cliché d'enfant de la DDASS destinée à répéter l'histoire, j'ai ressenti une colère sourde. Pas une colère destructrice, non ; une colère alchimique, de celles qui transforment l'humiliation en énergie vitale. Vous ne le saviez pas, mais en m'excluant ainsi du champ de la réussite légitime, vous m'avez paradoxalement invitée à brûler d'ambition. Vous m'avez forcée à devenir l'artisan de ma propre valeur, celle que l'on ne vous accorde pas. Celle que je suis devenue peu à peu, fière le jour, terrorisée les nuits d'insomnie, s'est heurtée à la nécessité de vous prouver ma dignité. Vous m'avez permis de développer mes talents de stratège, capable de déjouer les pièges de l'autostigmatisation, voire de retourner le stigmate. Vous m'avez rendue suffisamment habile pour saisir en plein vol les rares opportunités que m'offrait la vie.

Vous m'avez appris à déconstruire les évidences, à comprendre que derrière chaque « cassos », il y a une histoire, une vie, une dignité à retrouver. Vous m'avez appris à chercher derrière le mépris, et à faire du mépris un moteur. Vous m'avez appris que l'identité ne se construit pas dans la validation des autres, mais dans une obstination intime à devenir celui ou celle que l'on a décidé d'être. Et surtout, en me rejetant, vous m'avez appris à être fidèle à moi-même et à mes valeurs. Et si je peux tendre la main à d'autres aujourd'hui, c'est aussi parce que j'ai appris, à force d'être regardée de haut, à regarder autrement : avec plus de patience, plus d'attention, plus d'amour.

Merci à mes enfants, qui ont eu l'intelligence d'accepter que je consacre du temps et de l'amour à d'autres enfants qu'eux. J'exerce un métier où, comme je l'ai dit précédemment, on s'attache inéluctablement aux jeunes que l'on suit, et le lien est fort. J'ai essayé d'être la plus aimante du monde, mais je travaillais beaucoup. C'est un vrai sacerdoce d'être enseignant, et le soutien émotionnel que je tiens à apporter à mes élèves est nécessaire.

Merci

Merci à chère maman Paulette de m'avoir donné des racines, et d'en avoir offert à mes enfants. Paradoxalement, ce sont ces racines qui m'ont permis de prendre mon envol. Elle n'était pas là le jour de ma naissance, mais c'est moi qui lui tenais la main quand elle a quitté la vie. Elle n'a pas entendu mon premier cri, mais je l'ai accompagnée dans son dernier souffle.

Merci à la vie pour ce parcours difficile mais tellement riche. Elle ne m'a rien donné, mais m'a appris à tout transformer. Tant que je trouverai un sens à ma vie, je serai heureuse de me lever chaque matin avec le sourire et l'envie de foncer. En écrivant ces lignes, je veux que chaque enfant, chaque parent, chaque élève qui lira ce livre comprenne que les épreuves ne sont pas une fatalité. Elles peuvent être le point de départ d'une histoire plus grande, celle que nous décidons d'écrire, un chapitre après l'autre. Avec les années, je prends conscience que mes expériences de vie m'ont fait devenir qui je suis, et m'ont persuadée de poursuivre sur ma voie. Car tout ce que j'ai fait, je ne l'ai pas fait pour briller, mais pour éclairer.

La positive attitude

• Développer une vision positive de l'avenir

Les jeunes sont trop souvent en proie au désespoir, aux récits de fin du monde, à celui de l'agonie de l'espèce humaine. Laissons-les respirer ! Et insufflons-leur une vision positive de l'avenir ! Oui, le monde est gris, mais les jeunes générations ont le pouvoir de le rendre radieux.

• Toujours prendre ce qui vient : soyez stoïcien

Les stoïciens distinguent « ce qui dépend de nous et ce qui n'en dépend pas » : « Il y a des choses qui dépendent de nous et d'autres qui ne dépendent pas de nous », soutenait Épictète. Chaque année, l'ardoise magique s'efface. Une nouvelle aventure s'ouvre à nous. Moi, je ne crois pas au hasard. Ceux qui se sont retrouvés sur ma route devaient en tracer une partie avec moi. Et inversement.

• Être un capitaine bienveillant

Je ne fais pas de discipline. J'explique bien à mes élèves que je ne fais pas de l'acharnement thérapeutique ni de la garderie. Je tire ma légitimité de ma foi en eux. Ils savent que je suis là pour les mener à bon port. Aussi, ils me font confiance, nous sommes compagnons de galère.

• Miser sur le plaisir d'apprendre

Dès le début de l'année, je demande à mes élèves quelles sont les matières qu'ils aiment. C'est comme proposer à un anorexique un aliment qu'il adore manger. Leur donner à apprendre des contenus qui les passionnent, c'est la seule manière de les ramener vers l'apprentissage.

• Faire moins, faire mieux

Quand on force les enfants à venir à l'école, il n'y a plus aucun sens. Sur le temps court, j'observe une vraie émulation. Inutile d'épuiser les enfants et les jeunes avec des journées de cours magistraux ou, en famille, de dizaines d'expos et de visites : le plaisir s'évapore. Il faut parvenir à saisir la quintessence du savoir et, grâce à elle, à extraire le nectar de chacun.

• Garder espoir

Ne jamais rien lâcher, surtout quand l'avenir est au plus sombre. Il est vrai que c'est difficile, surtout pour des enfants ayant des parcours cabossés. Mais fort heureusement, la vie est parfois imprévisible et récompense nos efforts.

• Refuser le statut de victime

Positiver, c'est une forme douce de rébellion. On n'est pas victime, on s'oppose au fatalisme en se battant et en se répétant : « Je vais l'avoir, cet examen. Je vais leur montrer de quoi je suis capable. »

• Sourire même dans la tempête

Ce qui m'aide, c'est de sourire tout le temps et de m'entourer de personne positives. Il ne s'agit pas de nier les soucis, mais rien ne sert d'exposer sa douleur. Au contraire, c'est la faire gagner. En souriant, je me dis : « Je suis plus forte, elle ne m'aura pas ! »

• Rire

Il faut rire souvent, être humble et avoir de l'autodérision. Je ris très souvent en classe avec mes élèves, et cela ne me décrédibilise pas du tout, au contraire ! Amusons-nous de nous-même, assumons-nous et apprenons avec légèreté.

• Aider

Aider les autres fait du bien. Donner plus que l'on reçoit, rien de tel pour s'épanouir. Cette intuition a d'ailleurs été validée par des chercheurs de Lubeck, Chicago et Zurick : la générosité stimule la partie du cerveau liée à la sensation de bien-être[1]*. Alors ne nous en privons pas, et aidons !*

1. Soyoung Q. Park, Thorsten Kahnt, Azade Dogan, *et al.*, « A neural link between generosity and happiness », *Nature Communications*, n° 8, 2017.

Épilogue

Discours prononcé à l'occasion de la remise de mon insigne de chevalier de l'ordre national du Mérite

Monsieur le préfet de région,

Madame la vice-présidente du conseil départemental

Mesdames, messieurs les élus,

Mesdames les défenseures des droits,

Mesdames les chefs d'établissement,

Madame la secrétaire générale du Medef,

Madame, Messieurs les présidents du Rotary

Madame la présidente du Lions Club

Madame la secrétaire de l'ordre national du Mérite

Mesdames, Messieurs,

Chers Amis,

Chère famille,

C'est un très grand honneur de recevoir de vos mains, Madame Geneviève Avenard, cette médaille de chevalier de l'ordre national du Mérite.

Je suis très honorée que vous ayez accepté d'être ma marraine pour cette remise de médaille. Je vous remercie pour ces propos élogieux, qui témoignent de votre amitié et de votre gentillesse à mon égard, ici, sous les ors de la République.

Je tiens également à remercier Madame la vice-présidente du conseil départemental de me permettre de rentrer dans cet ordre prestigieux au sein cette belle salle des séances.

Je savais que cette cérémonie allait être remplie d'émotion : vous voir ici réunis est un véritable bonheur pour moi, vous qui avez à un moment ou à un autre joué un rôle dans ma vie, vous qui savez qui je suis, qui savez d'où je viens.

Mais au-delà de ce que je pouvais imaginer en recevant cette distinction et toute la charge symbolique qui l'accompagne, j'éprouve une joie et une gratitude infinies envers la République : car c'est elle qui reconnaît, distingue, honore. Ce qu'elle me donne ce soir, je le lui dois. Ce qu'elle m'accorde, je le lui rends modestement en saluant, au-delà des individus, des circonstances, des rencontres, la grandeur d'une institution sans laquelle je ne serais pas devant vous.

Il est certain que je reçois cette décoration avec beaucoup de fierté et d'humilité. Je la prends non pas tant comme une consécration que comme une obligation à continuer d'agir pour les autres ; j'y vois un ordre de mission continué, une injonction à faire de mon mieux, à faire toujours mieux.

Qu'on le veuille ou non, ce n'est pas la médaille qui discrimine la valeur des uns et des autres, mais bel et bien la valeur de nos actes qui donne tout son sens à la médaille.

Cette reconnaissance qui m'honore aujourd'hui, je la dois à mon métier et à mon engagement : ce sont eux qui m'ont toujours animée, qui m'ont donné à la fois passion et persévérance.

Et cette médaille, il faut aussi le rappeler, est aussi celle de la victoire du cœur.

Avant tout, je voudrais rendre hommage à mes deux mamans.

Je pense à ma maman Stéphanie, qui m'a donné la vie, et qui nous a quittés cette année.

Notre histoire à toutes les deux est un peu particulière. Le tourbillon de la vie a fait que nous nous sommes retrouvées il y a peu d'années.

Mais ce temps trop court a été pour moi d'une si grande importance, d'une si profonde intensité… Il m'a permis de voir la femme humble, gentille qu'elle était.

Il y a des paroles que j'aurais aimé lui dire et entendre d'elle.

Le destin en a voulu autrement.

Je pense à ma deuxième maman, Paulette, née en 1928, disparue à l'âge de 88 ans, telle une douce violette, humblement.

Abandonnée, chahutée par la vie : aucune épreuve ne lui a été épargnée.

Du plus haut de ce 1 mètre 54, rebelle, elle choisira de m'intégrer comme un membre de cette famille d'accueil.

Exigeante, dure parfois, elle n'autorisera aucune paresse, aucun lever à midi : je l'entends encore me dire : « Le monde appartient à celles et ceux qui se lèvent tôt. »

Le monde, à n'en pas douter, appartenait à cette voyageuse et pêcheuse infatigable : oui elle était petite, mais d'une résistance à toute épreuve.

À Écuisses, qu'on se le dise, portée par sa bienveillance, cette héroïne du quotidien m'a transportée par conscience !

Vous comprendrez que ce petit bout de femme extraordinaire qui m'a élevée a fait de moi ce que je suis aujourd'hui et m'a transmis les valeurs qui sont devenues miennes, que je veux porter haut, car je sais ce qu'elles peuvent. Ces valeurs sont celles pour lesquelles vous m'honorez ce soir, et par cette décoration, et par votre présence.

Oui, je suis le fruit de mon éducation.

Je suis une enfant noire élevée par des Blancs. Une « Bounty » d'après les Noirs : noire à l'extérieur et blanche à l'intérieur.

Cette dualité, cette ambivalence, cette complémentarité sont le cœur de ma vie, ce qui la rend sans doute si singulière.

J'ai en effet deux mamans, comme vous l'avez compris, et donc deux papas (Gilbert, décédé quand j'avais 13 ans, et Serge, que j'ai eu la chance de rencontrer avant qu'il ne parte pour son grand voyage) ; mais aussi deux enfants, deux sœurs de chaque côté, et deux frères. Comme vous pouvez le constater, je fais tout en double : j'ai donc eu également deux hommes dans ma vie (mais là, sincèrement, j'espère ne pas en rester au deuxième, dont je me suis récemment séparée). [Rires] On a tous droit au bonheur et j'espère enfin le trouver.

J'ai eu une enfance sans doute plus difficile que d'autres à son commencement, mais j'ai eu une double chance (encore deux [rires]) : celle de quitter l'orphelinat à 22 mois et d'être placée au sein de la famille d'accueil Poncet, que je n'ai plus quittée, et celle de recevoir tout l'amour possible : je remercie ma grande sœur Josiane, qui à 25 ans est venue avec maman me chercher au foyer à Autun. Merci à mes cousins et cousines et neveux présents ce soir. Nelly, Chantal, Pascal, Maxime, merci de m'avoir chouchoutée.

J'ai toujours rêvé gamine. C'est ce qui m'a permis de me construire et d'avancer vers mes objectifs, de persévérer malgré les difficultés en m'imposant une discipline sans laquelle on ne peut réussir. Mais il m'a fallu comprendre comment orienter ma volonté et être moi-même : être moi-même et réussir, je l'ai compris, c'est être un vecteur de réussite pour les autres.

Ce goût du challenge, je l'ai toujours eu.

Tant que tu auras peur d'essayer, tu n'auras pas la chance de réussir.

Alors, j'ai fait de multiples essais. J'ai exploré.

Et ce goût du challenge, m'a en effet conduit sur les podiums en athlétisme, à défiler pour Guy Laroche, à remporter des concours de beauté, à enregistrer un disque en tant que chanteuse. J'ai même écrit un livre lorsque j'avais 16 ans et je dois dire que j'étais une élève méritante qui s'accrochait à l'école. Bon, j'avoue que parfois, j'ai un peu surestimé mes forces. J'ai voulu apprendre le grec en plus de l'anglais et de l'allemand en quatrième. Et j'ai... ramé. Si si... malgré ma volonté de réussir... [rires].

De toutes ces expériences j'ai retiré un enseignement : qu'il fallait oser, essayer, se tromper pour pouvoir en tirer des leçons.

J'ai accepté les défaites et j'ai aussi gagné.

Je suis une athlète de la ténacité. C'est mon ADN.

Si je dois prodiguer un conseil, je n'en donnerai qu'un : aimez ce que vous faites, croyez en vous et dans votre projet car « celui qui ose ce que personne n'a jamais osé, verra ce que personne n'a jamais vu… »

Le mérite ne tient pas à une position sociale, à une couleur de peau, à un capital économique ou même culturel : le mérite ne tient pas à ce que vous êtes, mais à ce que vous faites, à ce à quoi vous parvenez en dépit des difficultés, parce que vous l'avez voulu, parce que vous avez patienté, au nom même d'un principe qui ne tolère aucune exception. Ce principe, c'est ce qu'on pourrait appeler « la volonté de faire le meilleur usage possible de sa volonté » : c'est ce que Descartes, je crois, appelait la « générosité ».

Et c'est me semble-t-il ce qui oriente depuis des années mon travail auprès des jeunes.

Avec mon bâton de pèlerin, j'arpente tous les domaines de la réussite, que ce soit pour mes élèves depuis vingt-neuf ans, et pour les sportifs de Jumps.

Je suis celle qui rebooste des ego brisés par le manque de confiance, qui remobilise les élèves en décrochage.

Si je peux oser une analogie, je dirais que le décrochage scolaire est la maladie nosocomiale de l'école et que je suis en quelque sorte un médecin qui soigne les jeunes qui me sont confiés.

Dans notre jeunesse, nous avons caressé l'espoir de croiser le chemin d'une personne qui nous tende la main, exemplaire, riche par ses mots fédérateurs de courage et de motivation. Mais combien d'entre nous l'avons croisée ? Combien d'entre nous ont eu la chance de trouver quelqu'un qui les aide à se trouver ?

Un mot d'encouragement et de confiance suffit pourtant amplement à valoriser ces élèves en difficulté, à réduire le sentiment d'inégalité sociale, de discrimination et d'exclusion.

Un chemin pour chacun, la réussite pour tous ! Telle est ma devise.

Je m'adresse à vous, mes élèves et anciens élèves ici présents. Je vous ai toujours dit de ne rien lâcher. Et ce bac, vous l'avez eu ! Le travail paye toujours. Être enseignant, ce n'est pas uniquement transmettre les outils de la connaissance. C'est aussi implanter des graines de bonheur, d'espoir en chacun de nos élèves et c'est cela qui permet le moment venu de partager ensemble les prémices de la plus belle récolte.

Vous en êtes la preuve vivante. Et je reçois aujourd'hui la plus belle des récompenses en voyant les adultes accomplis que vous êtes devenus.

Zoé, Younes, Samantha, Hugo, Yassoda, Laure, Charlotte, Issiroit, Camille, Axel et Carla, merci d'être présents ce soir.

Merci à Claire, Sylvie, Ahmed et aux autres membres de mon équipe pédagogique qui contribuent à leur réussite.

Zoé, qui aurait pensé que vous réussiriez votre bac, que vous vous engageriez dans des études à l'Irtess[1], si exigeantes ? Qui aurait cru que vous instruiriez les autres, alors même que l'école vous avait déçue, voire perdue quelque temps ? Ce que vous avez tous accompli, ce que vous allez pouvoir redonner à d'autres, vous le devez certainement à mon aide, mais plus encore vous le devez à vous-même : je salue votre réussite ce soir bien plus encore que la mienne, elle donne toute sa signification à la médaille que je partage avec vous.

Car c'est à tous ceux qui ont besoin qu'on tienne la barre de leurs rêves que je me dois, et à toutes celles et ceux que j'ai déjà accompagnés jusqu'à destination que je dédie cette récompense.

2019 est une année qui m'a comblée professionnellement par une reconnaissance nationale (nommée chevalier de l'ordre national du Mérite par décret du président de la République) et internationale (nommée dans le top 100 des leaders en éducation au monde).

Et cette année encore, quelle fierté d'être la gagnante du prix des 1000 possibles ; être choisie pour recevoir la médaille de l'égalité de la part de Madame la ministre Élisabeth Moreno est un

1. Institut régional supérieur du travail éducatif et social.

immense honneur et le couronnement d'un parcours de vie.

Le 8 mars est ainsi la journée de toutes ces héroïnes auxquelles on me fait l'honneur de m'associer.

Héroïnes le plus souvent anonymes et silencieuses, œuvrant partout dans notre société pour soigner, accompagner, éduquer dans une période si difficile.

Héroïnes invisibles mais travaillant pour que d'autres soient vus, écoutés, guéris.

Alors autour de vous, autour de nous, sachons voir celles qui aident à exister et permettent à d'autres de se relever. Je leur dois tant moi-même.

Je remercie le ministère chargé de l'Égalité femmes-hommes. Monsieur le préfet je vous remercie de m'avoir choisie comme femme inspirante pour la Bourgogne-Franche-Comté : que cet honneur me permette de vous dire combien il est important de remercier toutes celles qui nous ont portés, soulevés comme des montagnes alors que c'est en apparence impossible.

Mon discours serait incomplet si je n'évoquais devant vous Jumps, que j'ai fondé il y a quatre ans ; sa devise est tout simplement : Ensemble, avançons pour l'excellence.

La vie associative est l'un des piliers les plus honorables de la société, ce qui étend notre humanité au-delà des liens privés de la famille ou de l'amitié.

Je profite de cette cérémonie pour dire un grand merci à toutes les belles personnes de l'ombre, lumineuses, engagées à mes côtés, aux partenaires financiers de l'association qui me suivent dans mes projets (préfecture, Dilcrah, Medef, MGEN, Rotary club, présents auprès de moi et tous les autres), et aux bénévoles qui ne ménagent pas leur temps. Merci Marie pour le bilan.

Quand les femmes avancent, le monde avance !

Longue vie à Jumps et à ses sportives qui concourent à travers le monde.

Longue vie aux projets fédérateurs de courage, de déterminisme, d'égalité et d'ambitions collégiales.

J'ai une pensée particulière pour Léa Ferney, qui est actuellement à Tokyo et qui dispute ses premiers Jeux paralympiques, à 17 ans.

Avant de conclure, je voudrais remercier mes enfants, Prescille et Lucas, auxquels je porte un amour inconditionnel.

Mes chers petits déjà trop grands, si vous saviez ce que vous êtes vraiment pour moi.

Si vous saviez que c'est grâce à vous, si je suis ce que je suis !

Vous m'avez empêchée de dormir, mais vous m'avez donné la force de me lever chaque matin.

Dans les pires épreuves, quand je doute parfois de moi, vous êtes là, vous croyez en moi.

Dans les moments les plus tendres, vos sourires et vos bras autour de moi m'entourent d'amour.

Mes amours, vous êtes mon sang et ce qui le fait circuler.

Vous êtes ma raison de me tenir debout dans les moments de tempête (et on a vécu une année particulièrement difficile) et dans les moments d'intense émotion comme aujourd'hui.

Vous êtes mon sourire et le soleil de ma vie. Merci.

Merci à toi Marie-Thérèse Maurice d'avoir œuvré pour ma promotion dans l'ordre national du Mérite. Tu es une personne belle et digne. Une femme brillante, fine, lumineuse, inspirante et remarquablement engagée. Tu es un modèle pour moi. Cette médaille scelle une vraie et solide amitié.

Je terminerai en vous disant : vivez vos rêves, n'attendez rien de personne ; ou plutôt appuyez-vous sur ceux qui peuvent vraiment vous aider parce qu'ils veulent votre bien, de manière engagée et désintéressée.

Avancez ainsi avec celles et ceux qui ont de la valeur, de la grandeur intellectuelle, de la générosité, du respect et de l'estime pour la valeur de votre véritable et unique dignité humaine.

Comme le dit si bien Jean-Paul Sartre : « L'engagement est un acte, pas un mot. »

Et je terminerai mon propos par une citation de Joséphine Baker : « Tous les hommes n'ont pas la même couleur, le même langage, ni les mêmes mœurs, mais ils ont le même cœur, le même sang, le même besoin d'amour. »

Je vous remercie infiniment de votre présence et vous souhaite tout le bonheur possible.

Et si vous me nommiez Ministre Chargée de la Petite Enfance ?

Monsieur le premier Ministre,

Je me présente : Carine Montrésor, 55 ans, ancienne enfant placée dans le Morvan. En découvrant la composition de votre gouvernement, j'ai été frappée par une absence : celle d'un ministre ou d'une ministre spécifiquement chargé(e) de la famille et de la petite enfance.

Dans un pays où des milliers d'enfants grandissent dans des contextes difficiles, où les familles vulnérables sont souvent démunies, comment justifier une telle omission ? Comment expliquer qu'une cause aussi essentielle n'ait pas trouvé de voix au sein de votre équipe gouvernementale ?

Puisque ce poste semble oublié, je me permets, avec une pointe d'ironie, de proposer ma candidature. Qui de mieux qu'une ancienne enfant placée pour porter les voix de ceux qui n'en ont pas ? Je ne possède ni diplômes prestigieux, ni carrière politique, mais j'ai quelque chose d'inestimable : l'expérience directe de ces réalités que l'on préfère souvent ignorer.

J'ai vécu les failles du système. J'ai vu ce qu'un manque d'attention, de moyens et d'engagement politique pouvait engendrer pour des milliers d'enfants comme moi. Et c'est justement pour cela que je suis convaincue que cette cause mérite un ministère dédié, incarné et engagé.

Monsieur le premier Ministre, une société qui néglige ses enfants est une société qui oublie son avenir. Je vous écris non pas pour revendiquer un poste, mais pour tirer la sonnette d'alarme. Donnez à la petite enfance et à la famille l'attention qu'elles méritent. Faites de ces enjeux une priorité, comme ils devraient toujours l'être.

Carine Montrésor
Ancienne enfant placée du Morvan

Post Linkedin Décembre 2024

Remerciements

À toi, Laurent, mon amour.

Merci pour ta présence calme, ton soutien indéfectible et ta tendresse dans les moments de doute.

Tu as été mon roc silencieux pendant l'écriture de ce livre, mon refuge après les journées longues, celui qui croit en moi-même quand moi j'en doute.

Ce livre, je ne l'ai pas écrit seule. Merci d'avoir été là, simplement, pleinement.

Merci aussi à Juliette, qui m'a accompagnée avec tact et intelligence dans l'écriture de ce livre.

Ton regard juste, ta bienveillance silencieuse et ta présence à des moments clés ont compté plus que tu ne l'imagines.

Ce livre porte ta trace discrète, mais précieuse. Je te remercie pour cela.

Merci aussi à Bertille Lacroix, qui a eu la générosité – et le courage ! – de lire tout le manuscrit quand je n'en pouvais plus de douter.

J'étais stressée, incertaine, parfois même découragée, et tu as pris le temps. Ton regard, tes mots, ta franchise bienveillante m'ont portée.

Je ne l'oublierai jamais.

Merci aussi à celles et ceux qui, même brièvement, ont accepté de lire un passage, une page, une ligne, juste pour m'aider à y voir plus clair. Vos retours, vos silences parfois, vos regards interrogatifs ou vos encouragements m'ont guidée quand je perdais le fil. Ce livre porte aussi la trace de vos yeux attentifs Josiane, Amandine et Lilou, Baudel, Marie-Christine, Najya, Myriam, Laurence, Geneviève.

Merci du fond du cœur au docteur Jérôme Fichère, mon médecin, et à madame Catherine Marceau pour avoir pris soin de moi tout au long de cette aventure. Quand l'écriture me nouait l'estomac, vous étiez là pour dénouer ce que les mots ne savaient pas encore dire. Merci pour votre écoute, votre présence, vos gestes qui soulagent et réparent en silence.

Merci à Guillaume, mon éditeur chez Flammarion, pour sa douceur, sa bienveillance et sa foi tranquille en ce projet. Il a su accueillir mes mots, mes silences, mes hésitations, avec une élégance rare. Il m'a laissée libre tout en me tenant la main. Travailler avec toi, Guillaume, c'est comprendre que la littérature peut être exigeante sans jamais être brutale.

Merci à mes enfants, Prescille et Lucas, mes deux piliers, mes deux miracles. Vous êtes ma plus grande source de fierté et de motivation. Ce livre, je l'ai écrit en pensant à vous, pour que vous sachiez que tout est possible, même quand on part de loin. Merci d'avoir compris mes absences, respecté mes silences et applaudi mes petits pas.

Merci à Désiré, pour son soutien généreux et discret. Tu as toujours été là dans les moments importants, avec respect et solidarité. Cela compte.

Merci à mes élèves, présents et passés. Ceux qui ont douté, crié, abandonné, recommencé. Ceux qui m'ont mise à l'épreuve et ceux qui m'ont embrassée en fin d'année. Vous m'avez appris bien plus que vous ne l'imaginez. Vous êtes la raison pour laquelle je me lève chaque matin avec passion.

Merci à mon équipe pédagogique en MLDS, avec laquelle je mène, depuis 33 ans, un travail de fond, exigeant et profondément humain. Beaucoup sont passés, mais celles et ceux que j'ai choisis pour rejoindre cette aventure partagent tous la même sensibilité, la même exigence, et la même foi en l'élève. Merci pour votre confiance, votre engagement, et pour tout ce que nous construisons, main dans la main.

Merci également à Monsieur Christophe Nicolas, directeur de territoire de la Banque Populaire Bourgogne Franche-Comté, pour sa confiance constante et son écoute bienveillante. À lui, ainsi qu'à toute son équipe, je veux dire ma gratitude pour l'appui réel apporté à mes projets, tant avec Jumps que dans mon engagement professionnel. Dans un monde où certains ferment les portes par crainte, vous les avez ouvertes par conviction. Merci de croire en la jeunesse… et en moi.

Merci à toi, Élisabeth, d'avoir accepté d'écrire la préface de ce livre. Ta voix, posée en ouverture, donne le ton avec justesse et force. Je suis honorée de t'avoir à mes côtés pour introduire ces pages.

Merci à Monique Miegemolle-Gasagure, lumineuse personne de l'ombre dont la générosité et la finesse ont été précieuses à bien des étapes de ma vie. Merci pour ton soutien, toujours discret mais déterminant.

Et enfin, merci à ma mère biologique, pour m'avoir donné la vie Même si les chemins ne se sont pas croisés comme je l'aurais voulu, ton absence m'a appris la résilience. C'est aussi grâce à cette faille que j'ai su me construire autrement, avec force et lucidité.

Merci aussi à Paulette, ma mère de cœur. Tu ne m'as pas portée dans ton ventre, mais tu m'as portée dans la vie. Par ta tendresse, ta fidélité, ton amour discret mais solide, tu m'as donné une assise quand tout tremblait autour de moi. Ce livre est un peu le nôtre.

*

Merci à la vie !

Bibliographie

Jean-Claude Croizet, Jacques-Philippe Leyens, *Mauvaises réputations. Réalités et enjeux de la stigmatisation sociale*, Armand Colin, 2003.

Shay Dawson, « Ruby Bridges », édité par Corina Gonzalez, site internet du National Women's History Museum (consulté en mai 2025) ; https://www.womenshistory.org/education-resources/biographies/ruby-bridges

Sophie Doudet, « Le temps des écoles », dans *Churchill*, Gallimard, « Folio », 2013.

Marcel Haedrich, *Coco Chanel*, Gutenberg, 2008.

Florence Morel, « Aide sociale à l'enfance : ce qu'il faut retenir du rapport de la commission d'enquête parlementaire sur les conditions d'accueil des enfants placés », site internet de France Télévisions, 8 avril 2025 ; https://www.francetvinfo.fr/societe/enfance-et-adolescence/aide-sociale-a-l-enfance-ce-qu-il-faut-retenir-du-rapport-de-la-commission-d-enqueteparlementaire-sur-les-conditions-d-accueil-des-enfants-places_7165920.html

Soyoung Q. Park, Thorsten Kahnt, Azade Dogan, et al., « A neural link between generosity and happiness », *Nature Communications*, n° 8, 2017.

Table

NORD COMPO
multimédia

Composition et mise en pages
Nord Compo à Villeneuve-d'Ascq

CET OUVRAGE
A ÉTÉ ACHEVÉ D'IMPRIMER
SUR ROTO-PAGE
PAR L'IMPRIMERIE FLOCH
À MAYENNE EN AOÛT 2025

Les Éditions Flammarion sont investies dans une démarche active pour l'empreinte environnementale de leurs parutions. Ainsi, le livre que vous tenez entre vos mains a été imprimé en France sur des papiers issus de forêts gérées durablement, par un imprimeur engagé dans la protection de l'environnement.

N° d'édition : 641310-0. N° d'impression : 107432
Dépôt légal : août 2025
Imprimé en France